KB194253

광물에게서 삶을 배우다

김홍찬 · 김재원 저

한국상담심리연구원

김군의 마음, 광물편

광물에게서 삶을 배우다

1판 1쇄 인쇄일 2018년 1월 5일

지은이 : 김홍찬 · 김재원

발행인 : 김홍찬

펴낸곳 : 한국상담심리연구원

(www.kcounseling.com)

03767 서울시 서대문구 신촌로 215-2 전진빌딩 3층

☎ 02)364-0413 FAX.02)362-6152

출판등록 제2-3041호(2000년 3월 20일)

값 15,000원

ISBN 978-89-89171-21-8

사단법인 한국상담심리연구원에서는 매주 목요일에 성서 영해 공
개강좌를 하고 있습니다. 참석하고자 하시는 분은 연락 주시기 바
랍니다.

위치 : 이대역 4번 출구

광물에게서
삶을 배우다

비가 쏟아지는 새벽이다. 하늘로부터 세차게 떨어지는 빗방울을 보면서 가슴이 시원해지는 것이 느껴졌다. 비는 위에서 내려와 땅을 부드럽게 하고 농작물에게 영양분을 제공해주고 열매를 맺게 해서 새들과 동물의 먹이를 제공하며 사람에게는 마실 물과 씻을 물이 되어 준다.

그리고 수증기가 되어 하늘로 올라가서 구름을 만들어 더운 여름 태양의 차광막이 되어 그늘이 되어주며 빗방울이 되어 동식물에게 자양분을 제공하며 추운 겨울에는 새하얀 눈송이가 되어 온 지상을 곱게 덮는다.

나는 창가 옆 책상에서 손을 뻗으면 닿을 거리에 있는 호두나무 잎새마다 빗줄기로 인해 시원하고 흥건하게 물을 적시고 있는 모습을 보면서 잎 새마다 빈틈없이 주님의 진리를 충분하게 받아들이는 나무의 모습이 부러웠다. 나 자신도 저런 모습으로 주님의 신성한 진리를 받아들이고 싶어졌다. 나는 빗줄기와 나무를 자세하게 살펴보았다. 가지와 잎 새마다 달린 호두열매가 너무나 아름답고 신비스러웠다.

나는 호두송이를 보면서 다음과 같이 노래했다.

"떨어지는 빗속에서 작고 둥그런 나무 열매가 싱그럽게 가지마다 열렸습니다. 잎과 줄기 사이에서 달린 열매는 너무도 신비스럽습니다. 얼마 전에도 보이지 않던 열매가 저렇게 익기까지 수많은 일들이 진행되고 있었을 것입니다. 나는 내 마음에도 저런 열매가 맺기를 희망했습니다. 나의 깊은 세계 속에 그 누구도 모르게 수많은 일들이 진행되고 있음을 느낍니다. 거듭나면서 나는 진리를 사랑하게 되었습니다. 진리를 소중하게 여기며 순수함과 진실함으로 대했습니다. 그때 하늘이 내 마음에 들어오기 시작하였습니다. 나는 느끼지 못하였지만 마음에는 진리의 소낙비가 쏟아지고 있었던 것입니다. 마치 나무 잎 새마다 탄소동화작용이 일어나듯이 내 마음에도 이미 엄청난 변화가 진행되고 있었습니다. 악의 무리가 점령하여 분탕질하던 도성은 천사에 의해 하나씩 되찾기 시작하였습니다. 내 안에서 선악의 전투가 진행되었습니다. 내가 진리를 배우고 사랑하는 만큼 천사는 힘을 얻고 거짓에 의해 잃어버렸던 마음의 성이 회복되었습니다. 그 수가 늘어날수록 나의 마음은 안식과 평안을 얻을 수 있었습니다. 내가 진리에 대해 감동하고 감탄하며 실천하고자 무진 애를 쓸 때 잃어버린 성을 하나씩 둘씩 되찾아왔습니다. 나는 그때마다 선을 기뻐하는 평화의 노래를 불렀습니다. 그러나 내 안에는 아직도 여전히 수를 헤아릴 수 없는 적군에게 넘어간 많은 성이 남아 있습니다. 내 안의 선과 악의 싸움은 태양이 빛을 발하고 뜨거운 열기가 더해지면서 중생 전투는 앞으로 무한대로 진행될 것입니다.

그러므로 나는 이제 목적이 생겼습니다. 내가 진리를 더욱 사랑하는 만큼 내안의 천사는 마귀와 전투에서 승리를 할 수 있습니다. 진리를 사랑하여 열매가 결실하기까지 지원군을 보내 주어야 되겠습니다."

그간 나는 동물, 질병, 식물 편을 쓰고 이제 광물 편을 내놓게 되었다. '김군의 마음'을 읽고 좋은 책이라고 권면을 해준 분들의 위로와 격려로 부족하지만 더욱 용기를 내어 매진했다. 그리고 '김군의 마음'을 가지고 영성 그룹공부를 하는 분이 전해주는 기쁜 소식은 나의 갈한 심령에 내리는 촉촉한 단비와 같았다. 이 책을 교재로 사용하면서 그룹을 이끄는 영성 있는 어느 분은 내게 말하기를 "사람들이 진도를 나가기보다는 천천히 내용을 깊이 곱씹어서 되새기자고 하네요!"라고 말해주었다. 이런 말은 내가 진정으로 더욱 듣고 싶은 말이다. 또한 나는 이런 그룹이 점차적으로 더욱 늘어나기를 희망한다.

그런 희망으로 인해 나는 사명감이 더욱 충만해져 감을 느꼈다. '김군의 마음'은 나의 신앙과 영성의 총체적인 결정판이다. 나의 희망은 언젠가 그런 날이 올지는 모르겠지만 마치 전도지를 돌리는 것처럼 길거리나 공원이나 등산로 등지에서 한권씩 나눠주어 세상에서 숨을 쉬는 이들로 하여금 천국 바람이 불어와 생명을 얻도록 한 줄이라도 더 읽혀서 영혼이 저세상에서 숨을 쉬는데 시원한 바람이 되고 싶은 마음이다.

나는 교회나 선교단체에서 행사를 할 때 수건이나 도자기 같은 물건을 선물하기 보다는 책을 사보지 않는 삭막한 시대에 좋은 영성

책 한권을 선물로 주는 것이 더 합리적이라는 생각을 했다. 그래서 '김군의 마음' 책도 행사를 위한 선물로 쓰임받기를 바란다. 그런 날이 오겠는가?

광물은 동물, 식물 보다는 심도가 낮은 세계이다. 그리고 땅, 돌, 바위 등은 흔들림 없이 단단하게 고정되어 있으며 일정한 모양도 없다. 그렇지만 광물은 동물과 식물에게 삶의 터전이 되어주고 흔들리지 않는 기초를 제공한다. 얼마나 훌륭하고 멋있는 삶인가? 나는 스스로에게 묻는다. 누구에라도 이런 기반이 되어준 적이 있는가? 무학자인 아버지나 어머니가 자녀를 공부시키고자 희생해서 결국 자녀가 크게 성공한 경우를 보는데, 광물이 바로 그런 경우와 같다고 생각하니 광물의 위대함을 느끼게 된다. 나는 광물의 세계를 보면서 누구에게 발판이 되어서 삶의 열매를 맺도록 도와주었는가를 반성하게 된다. 진실로 광물의 위대함을 실감하지 않을 수가 없다.

해와 달과 별, 땅과 바위, 돌은 묵묵하게 제 자리를 지키면서 동식물들에게 선용을 하지 않는가?

광물은 하나의 생물체이다. 돌은 겉으로 보기에는 죽은 듯 보이지만 시간이 지나면서 돌이 변하여 보석이 되는 것을 보면 살아있는 생물체라고 말할 수 있다. 죽은 듯 보이지만 미미하게라도 살아서 변화하고 있는 것이다.

자연세계는 광물계와 식물계, 동물계로 구성되어 있다. 이는 마치 3층으로 구성된 노아 방주와 같다. 인간도 3가지 세계로 구성되어 있다. 즉, 의지와 이해와 행위이다. 하늘나라도 바울이 말한 것처럼 3층천으로 구성되어 있지 않은가?

나는 매일 새벽마다 자연세계의 영적 진리를 터득하는 재미와 맛을 느끼고 있다. 나는 마음에 하늘나라와 연결된 사닥다리가 놓여서 새벽마다 김군의 마음의 여행을 떠날 때마다 천사가 나를 방문하는 느낌을 받았다. 때로 나는 머리를 감싸오는 느낌과 꺼풀이 벗겨져 시원해지는 느낌을 받을 때가 많았다. 그리고는 영적 지식에 대한 새로운 사실을 깨닫고 탄성이 나왔다.

사실 나는 이제까지의 삶을 통해서 깊은 진리의 깨달음의 맛을 느껴보지 못했다. 살아오면서 이보다 더 좋은 느낌을 얻은 적이 별로 그리 많지 않았다. 그러나 결국 나는 늦은 나이에 진리를 터득하는 맛을 즐기고 있다. 마치 늦은 비처럼 그 맛을 즐기고 있다. 사람마다 다르겠지만 진리를 알아가는 즐거움을 느낀다는 것이 얼마나 기쁜 일인가? 깨달음의 기쁨으로 인해 울렁거리는 가슴을 느끼면서 나는 진리를 배워가고 있다. 이렇게 영적인 질서가 일렬로 배열되는 사실이 과연 내가 원해서 올 수 있는 것은 아니다. 나는 주님이 주신 새로운 각성이라고 확신한다.

내가 이 책을 통해서 얻고자 하는 것은 바울처럼 진리의 깨달음으로 인해 살든지 죽든지 내안에서 그리스도가 존귀하게 되는 것이다. 그것이 나의 간절한 기대와 소망이다.

이 책은 마음의 세계에서 광물의 영적 의미를 찾아 연구하는 책이다. 1부는 광물을 진열했고 2부는 일반적인 것을 배열했다. 전편과 마찬가지로 나는 광물을 만나서 "나는 마음의 세계에 진리를 찾으러 다니고 있습니다. 당신에 대해 말씀해 주시기를 부탁드립니다."고 인사를 하면서 시작하였다. 그리고 마음에서 내가 만나는 광물이 무엇을 의미하는지 알고자 하였다. 마음에서 의미를 찾으면 하늘나라도 역시 동일한 의미를 상징한다는 것을 알기 때문이다. 그것의 근거는 "하늘나라는 너희 안에 있다"고 성경에서 말하고 있다.

내가 이렇게 마음의 세계에 대해 부지런하게 알고자 하는 이유는 나뿐만 아니라 나를 만나는 자에게 -선한 자이든 악한 자이든 간에- 마음속에 우주적인 세계가 존재한다는 것과 우리는 언젠가 마음의 상태에 맞는 저세상의 도시에 가야 한다는 것을 말해 주고, 주님 예비하신 선한 나라에 이르기 위해서는 마음 안에서 선이 깨어나야 한다는 것과 그 방법은 당연하게 진리로만 가능하다는 것을 전해주고자 하기 때문이다.

누구라도 내게 '왜 그렇게 성경 속에서 영적 속뜻을 찾고자 하는가?' 물어보실 수 있다. 나는 확고하게 이렇게 대답할 것이다. 첫째 주님께서 하나님의 나라는 너희 안에 있다고 하셨기 때문이다. 마음의 세계는 '의미'의 세계이다. 그러나 오늘날 진리를 찾고자 하면서 영적인 의미를 찾지 않고 확신만 갖고자 하고 문자적 내용 외에는 더 진행하고자 하지 않으니 그만큼 깊은 진리를 얻을 수 없다. 그리하여 진리의 깊은 세계에 들어가지 못한 오래된 신자들은 매너리즘에 빠져 더 이상 성경을 읽고 실천하고자 하지 않고 축복과 기도에만 매달린다.

영적 지도자들 또한 진리를 실천하는데서 의미를 찾기보다는 권위주의와 정치에 목을 매는 것이 아니겠는가?

인간의 완악한 본성은 자신을 쳐서 복종시킬 이유를 찾기 보다는 세상 속에서 탐닉할 거리를 찾아서 여기저기를 기웃거린다. 이것이 오늘날 교회의 현실이다.

그럼에도 미약하고 부족한 내게 주님께서 은혜를 주셔서 거듭나게 하시고 천국의 신령한 것이라면 무엇보다 더 소중하게 여기는 마음을 주셔서 새로운 삶을 찾는 여행을 떠나게 하시니 무한 감사할 따름이다. 그리고 나 자신 스스로 살구나무 열매처럼 일찍 꽃을 피워서 깨달은 부분을 가지고 나를 만나는 이들에게 '김군의 마음' 책과 더불어 진리를 터득하는 재미에 푹 빠져 있는 것이 사실이다. 다행히도 나의 말을 경청해주는 분들이 있고 이 내용으로 진리를 찾는 참 만남의 그룹을 인도하는 이가 있으니 실로 감탄할 뿐이다. 나는 혹시라도 나를 만나는 이들이 영적 기근에 목말라하고 배고파하는 모습을 보기만 한다면 요셉의 풍년 창고에 있는 하늘 양식을 꺼내어 기근과 지진에 빠진 메마른 영혼을 어떻게든 먹이고자 한다. 요셉의 풍년 창고에는 하늘나라 영적 양식이 풍성하기 때문이다. 요셉의 7년 풍년창고에는 양심과 이노센스와 지각과 깨달음과 같은 하늘의 양식이 모자름 없이 가득하다. 단지 사용을 하지 않는 것뿐이다. 그리고도 말하기를 "왜 내게 주님께서 보살펴 주시지 않는가?" 하고 탄원 기도를 열심히 올리는 이들이 있다.

나는 그들에게 영적 요셉이 되고자 하는 것이다. 나뿐 아니라 누구라도 그렇게 되기를 간절한 마음으로 기원한다. 이것이 나의 소망이다.

그래서 여건이 허락 된다면 '김군의 마음' 시리즈를 연속적으로 출판하고 싶다.

나는 이 책이 진리에 굶주린 영혼의 '요셉의 풍년 창고' 라고 여기기 때문이다.

이 책은 저자가 김홍찬·김재원인데 본질적 진리의 속뜻을 추구하면서 함께 길을 걷는 절친 동역자이다. 그는 신실하고 지혜로우며 진리에 대한 깊은 애정을 가지고 있다. 영적 진리를 알게 해주신 최고의 스승님께 감사드린다. 괴산에 계시는 엄기주 장로님은 언제나 선한 일에 앞장서시며 주님께 헌신된 분이시다. 현재 나의 모습이 있기까지 그분을 빼놓을 수 없다. 나는 어려운 일이 있을 때마다 그분께 자문을 구하며 지혜를 얻는다.

이 책을 읽는 자에게 축복이 있기를!

작은 겨자씨에 싹이 나기를 바라면서

김홍찬(Ph.D)

| 목차 |

제2부 일반편

제1부
광물편

해를 만나다

나는 광물의 세계에 들어 왔다. 나는 고개를 들고 하늘 중천에 떠 있는 해를 바라보았는데 눈이 부셔서 더 이상 쳐다볼 수 없었다. 해에서 뜨거운 열기와 빛이 쏟아져 내려왔기 때문이다. 해는 본래 한국어이며 한자로는 '태양'이라고 한다.

해는 스스로 공전하기 때문에 지구에서 보면 동쪽에서 해가 뜨고 서쪽으로 해가 지는 것처럼 보인다. 성경 창세기에는 해를 큰 광명이라 하였고 이와 대조적으로 달은 작은 광명이라고 하였다. 하나님은 밤과 낮, 징조와 네 계절, 날자와 연한을 주관하도록 하셨다(창1:14-16).

나는 마음의 세계에서 해는 무엇을 의미하는지 궁금했다. 내가 이렇게 고민하고 있을 때 흰 옷을 입은 분이 내게 다가와 말했다.

"무엇을 생각하십니까?" 하면서 말을 건넸다.

나는 "나는 진리를 찾고자 마음의 세계를 다니고 있습니다. 하늘에 떠있는 해에 대해서 가르쳐 주시기를 부탁드립니다."

나그네는 "아! 그런가요? 제가 아는 대로 말씀해 드리겠습니다."

그는 바위에 편안하게 걸터앉더니 나를 쳐다보면서 말을 하였다. "팔레스타인 주변의 여러 나라들은 해를 숭배하였습니다."

나는 "태양신 숭배 말인가요?"

나그네는 "메소보타미아에 살던 자들이나 갈대아인들은 태양숭배 신앙이 있었습니다. 성경에 나오는 요셉은 보디베라의 사위가 되었는데, 보디베라는 해에게 속한 자라는 의미입니다."

나는 "아! 근동 여러 나라들이 해를 우상으로 섬겼군요?"

나그네는 "그렇습니다. 페니키아인의 바알, 암몬의 몰렉, 밀곰, 시리아인의 하닷은 모두 태양 숭배에서 비롯된 우상입니다."

나는 "히브리인들도 태양신을 섬겼나요?"

나그네는 "그렇습니다. 그들도 그런 우상에 빠져 들었지요(레 26:30). 에스겔은 유다 족속이 여호와 성전을 등지고 태양을 숭배한 것은 크고 가증한 일이라고 질책했습니다."(겔8:15-16).

나는 "고대인들은 해를 어떻게 보았나요?"

나그네는 "고대인들은 아침이면 해 돋는 곳으로 얼굴을 향했습니다. 그들은 해를 마음의 심장으로 보았습니다. 마음의 심장은 곧 사랑을 의미합니다. 그러므로 심장이 고동치는 것은 사랑의 변화입니다."

나는 "심장이 고동치지 않으면 죽지요?"

나그네는 "심장이 움직이지 않으면 죽음을 맞이하듯이 마음의 심장이 움직이지 않으면 사랑 없는 상태가 됩니다. 심장이 확장과 수축을 반복하면서 쉬지 않고 박동하는 것은 끊임없는 사랑의 갈망을 의미합니다."

나는 "아! 그 말은 육체의 심장이 박동하는 것처럼 인간의 삶은 사랑의 연속이라는 의미이군요?"

나그네는 "심장이 작동함으로 피를 품어내서 온 몸을 생기 있게 하듯이 인간은 사랑에 의해서 삶이 풍요로워집니다."

나는 "심장도 여러 종류가 있지 않나요? 예를 들어 단단한 심장, 굳은 심장, 나약한 심장 등 말입니다. 심장이 약한 사람을 보았는데 잘 걷지도 못하고 매우 창백해 보였습니다."

나그네는 "네, 심장은 육체를 생기 있게 합니다. 그러므로 사람에게 심장은 생명입니다. 태양의 열기가 없으면 만물이 생기를 잃듯이 마음의 세계에서 사랑의 소멸은 죽음을 가져옵니다.”

나는 “태양의 열기가 그렇게 중요한 역할을 하는군요?”

나그네는 “동식물은 볕이 있어야만 생명을 유지합니다. 동물은 볕으로 체온을 유지하여 활동을 하고, 식물은 꽃을 피우고 열매를 맺습니다. 볕이 감소하면 모든 것이 시들어 버립니다.”

나는 “해에서 볕이 나오지만 빛도 같이 나오지요?”

나그네는 “해에서 볕과 빛이 동시에 나옵니다. 볕은 주님의 사랑을 의미하고 빛은 주님의 지혜를 의미합니다.”

나는 “태양은 무엇을 의미하나요?”

나그네는 “주님은 자연계의 태양으로 동식물을 살고 번식하도록 하십니다. 다시 말해서 주님은 영계의 태양이 되어 자연계 태양을 존재하게 하십니다. 사람에게는 눈에 보이지 않는 태양과 눈에 보이는 자연계의 태양이 있습니다. 사람은 마음으로는 영적 세계와 연결이 되고 육체는 자연세계와 접촉합니다.”

나는 “아! 그렇군요. 그러면 두 태양은 무슨 차이가 있나요?”

나그네는 “네, 마음의 태양과 자연의 태양의 차이는 살아있는 것과 죽어 있는 것의 차이라고 할 수 있습니다.”

나는 “그런가요? 그 정도로 차이가 나는가요?”

나그네는 "영계의 태양으로 자연계의 태양이 존재하니까요. 자연 세계는 하늘에 있는 것의 모형과 그림자에 불과합니다."

나는 "본질과 그림자의 관계이군요. 눈에 보이지 않는 것을 영적 세계라고 말하나요?"

나그네는 "그렇습니다. 사람의 시력으로는 보이지 않지만 분명하고 확실하게 존재합니다."

나는 "육안으로는 볼 수 없지요?"

나그네는 "영안으로만 볼 수 있습니다."

나는 "어떻게 영적인 눈으로 볼 수 있다는 건가요?"

나그네는 "하하! 관심이 높군요. 영안으로 보는 것은 영적 세계를 보는 것인데, 주님께서 특별하게 볼 수 있도록 허용하는 이들에게만 보여 집니다. 에스겔과 다니엘, 사도 요한은 영적 감각을 가지고 영적 세계를 경험했습니다."

나는 "영적 감각인가요?"

나그네는 "영적감각은 영혼이 느끼는 감각입니다. 주님께서 예언자가 그들의 직무를 수행하도록 하늘을 열어 주시기도 합니다. 그래서 그들은 하늘의 신비스런 광경을 보았습니다. 에스겔은 그분의 기운이 자신을 들어 옮겨갔다고 말했습니다." (겔3:14).

나는 "사람의 몸속에 영적 감각이 들어 있나요?"

나그네는 "네, 누구든지 영적 감각이 존재합니다. 이런 영적 감각이 열려지게 되는 날이 누구에게든지 찾아옵니다. 영적 감각이 열려지는 날은 육체의 기능이 정지되는 날입니다. 그때는 누구든지 영적 세계에 들어가게 됩니다."

나는 "아! 영적 세계는 어떤 세계인가요? 설명해 주세요."

나그네는 "사람에게는 영혼이 있습니다. 몸은 영혼의 부속품에 불과합니다. 영혼은 그 사람 자신입니다. 사람의 몸이 영혼과 분리될 때, 다시 말해서 육체가 숨을 거둘 때 영은 깨어 있고 살아있게 됩니다. 그리고 영에게 천사이든 악령이든 찾아오게 되고 그로부터 영의 세계에서 삶을 이어 갑니다."

나는 "그러면 몸의 열기가 식고 육체가 시체가 되어 관속에 있는 동안에도 영은 생각하고 살아 있는 건가요?"

나그네는 "그렇습니다. 영의 세계는 자연계와 다른 또 다른 세계입니다. 인간은 육체의 죽음과 동시에 영의 세계에 들어가게 되고 자신은 여전히 살아 있음을 느끼게 됩니다. 영은 감각을 느끼게 되는데 이전보다 명확하게 보고 듣고 느끼게 됩니다."

나는 "물질세계에서 느꼈던 그런 느낌을 느낀다는 건가요?"

나그네는 "사실 세상에 사는 날 동안 육체로 느꼈던 감각들도 영을 통해 감지되었던 것입니다. 그러나 그 나라에서 영의 직접적인 느낌은 세상에서 몸속에 갇힌 느낌과는 비교가 안 될 정도로 더 명확하고 확실합니다."

나는 "영에게는 사람의 본질적 감각이 있군요."

나그네는 "네, 그런데 영은 혼자서 활동하는 것이 아니고 천사와 악령의 공동체가 있습니다."

나는 "영의 공동체요?"

나그네는 "영이 몸 안에 있지만 영은 공동체를 형성합니다. 인간은 영의 공동체 안에서 살아갑니다. 선한 사람은 천사의 공동체 안에 있고 악한 사람은 지옥의 공동체 안에 있습니다."

나는 "아! 그렇군요. 사람이 혼자 사는 줄 알았더니 공동체 안에 있다는 사실이 놀랍고 무섭기도 합니다. 그러면 생전에는 영의 공동체 안에 살다가 육체가 죽으면 공동체는 어떻게 되나요?"

나그네는 "사람은 그가 죽을 때 생전에 있던 공동체에 들어갑니다. 다만 그가 세상에 사는 동안에는 공동체를 볼 수 없습니다. 그러나 사람이 육체로부터 벗어나게 되면 세상에서 함께했던 천사들과 영을 만나게 됩니다."

나는 "그러면 천사와 영들은 영의 세계에 사는 존재들이군요? 그 세계는 자연계와는 단절되어 있나요?"

나그네는 "그렇습니다. 하지만 사람에게는 영의 세계와 교통하는 문이 있습니다."

나는 "영의 세계와 교통하는 문은 무엇을 말하나요?"

나그네는 "마음입니다. 마음은 영의 세계와 교통하면서 육체를 조종합니다."

나는 "아! 조금 알 듯합니다. 그러니까 물질세계를 움직이는 영의 세계가 존재하고, 그 세계의 중심에 주님이 계시군요."

나그네는 "잘 보셨습니다. 주님은 사랑과 지혜의 불로써 영의 세계를 존재하도록 하고 자연만물을 생기 있게 합니다. 자연계의 태양은 영의 태양의 그림자일 뿐입니다."

나는 "음, 그러면 사랑과 지혜는 무엇인가요?"

나그네는 "태양의 빛과 열은 사랑과 지혜를 의미합니다. 사랑에서 지혜가 나옵니다. 사랑은 존재 자체이고 지혜는 존재에서 나오는 실재입니다."

나는 "태양에서 나오는 빛과 열은 떨어질 수 없지요?"

나그네는 "물론 하나입니다. 떨어져서는 존재할 수 없습니다. 그

러나 여름철에는 빛보다 열이 더 강하고 겨울철에는 열보다는
빛이 더 강합니다."

나는 "음, 영적으로 말한다면 여름에는 사랑이 강하고 겨울에는
지혜가 강하다는 말이군요?'

나그네는 "그렇습니다. 그래서 사람의 마음 상태에 따라서 여름
이 될 수도 있고 겨울이 될 수도 있습니다. 그래서 주님께서 환란
날이 겨울이 되지 않도록 조심하라고 하셨습니다." (막13:18,19).

나는 "겨울은 무슨 의미인가요?'

나그네는 "주님께서 말씀하신 겨울은 사랑 없는 상태입니다. 너
의 도망감이 겨울이 되지 않도록 기도하라고 하셨는데 그 이유
는 사랑이 메마른 때이기 때문입니다."

나는 "마음의 세계에서 일출은 무엇을 의미하나요?'

나그네는 "마음의 세계에서 일출은 주님의 임재를 의미합니다."

나는 "떠오르는 해를 보기를 원합니다."

나그네는 "내 이름을 경외하는 너희에게 의로운 해가 떠올라서
치료하는 광선을 발하리라고 했습니다(말4:2). 주님은 사랑으로
모든 질병을 치료하십니다."

나는 "의로운 태양은 주님을 의미하는 거군요. 그러면 치료하는

광선을 받기 위해서 영적 태양을 바라보고 살아야 하겠네요?'

나그네는 "당연합니다. 주님께서 변화 산에서 모습이 변화하신 적이 있었습니다. 그때 주님의 얼굴이 해같이 빛나며 옷이 빛과 같이 희어졌다고 했습니다." (마17:2).

나는 "제자들이 그 광경을 보았지요?' (눅9:32).

나그네는 "주님께서 자신의 변화하신 모습으로 내재된 영광을 보여주신 것입니다. 그 모습은 밧모 섬의 요한에게 나타나셨을 때의 모습과 같습니다. 그 때에도 주님의 얼굴은 대낮의 태양처럼 빛났다고 했습니다."

나는 "얼굴은 무엇을 의미합니까?'

나그네는 "주님의 얼굴은 사랑을 의미합니다. 주님의 사랑은 순수한 태양과 같으며 그곳에서 나오는 빛은 진리를 의미합니다."

나는 자연 세계의 태양이 자연만물을 살게 하듯이 마음의 세계에도 태양이 존재하고 태양에서 나오는 열기와 빛은 선과 진리라고 하는 말에 더욱 고무되었다.

나그네는 "태양으로부터 나오는 열과 빛은 만물에게 생기를 줍니다. 사랑과 지혜는 영혼을 존재하게 합니다. 이는 주님께서 하시는 일입니다."

25

나는 "어떤 이들은 자신은 주님의 특별한 사랑을 다 받았다고 하는데 주님께서 주시는 사랑과 지혜를 다 받을 수 있나요?"

나그네는 "하하! 그렇지 않습니다. 자연계의 태양의 온도 6,000도를 동식물이 모두 받을 수 있나요? 그렇지 않습니다. 주님은 인간의 상태에 따라 적절하게 배려해서 주십니다."

나는 "아! 주님께서 각 사람의 상태에 맞게 배려하시는군요?"

나그네는 "주님은 각 사람에게 그분의 사랑과 지혜를 충분하게 주시지만 인간이 자유의지를 가지고 선택하기를 원하십니다. 절대로 강제로 하지 않으십니다. 사실 주님의 것을 받아들이는 것은 인간의 선택 여하에 달려 있습니다."

나는 "그렇군요. 어떤 사람은 자신은 받기 싫은데 주님께서 강압적으로 특별하게 은총을 주셨다고 말을 하던데 그 말이 맞나요?"

나그네는 "하하! 그렇지 않습니다. 아마 그렇게 말하는 사람은 자신은 특별한 존재라서 주님께 특별 은총을 주시기 위해 강제로 하실 정도로 위대한 자라는 것을 강조하기 위해 하는 말처럼 들립니다. 그러나 이런 말도 알고 보면 특별의식이나 교만에서 흘러나오는 말입니다. 오히려 이렇게 대답해야 옳습니다. 나 같은 죄인에게 주님께서 이런 큰 은혜를 주셨는가! 말입니다. 주님은 자유의지를 주셨습니다. 자유 의지가 없으면 천국과 지옥이 무의미하겠지요."

나는 "계시록에 한 여자가 태양을 입고 달을 밟고 별이 열두 개 달린 월계관을 머리에 쓰고 나타났다고 했어요"(계12장).

나그네는 "여자는 교회를 상징합니다. 여자가 태양을 입었다는 것은 사랑이 충만한 교회를 의미하고 여자가 달을 밟고 있다는 것은 교회가 믿음이 있다는 것을 의미합니다. 여자가 열 두 개의 별이 달린 관을 쓰고 있는 것은 진리의 지식을 의미합니다."

나는 "사랑과 믿음, 진리의 지식이 필요하다는 말이군요."

나그네는 "그런데 인자가 오실 때에 해가 어두워지고, 달은 빛을 주지 않고, 별이 하늘에서 떨어지리라고 했습니다."(마24장).

나는 "교회가 사랑과 믿음과 진리의 지식이 없다는 건가요?"

나그네는 "주님은 모든 만물을 살게 하시는 본질적 태양이십니다. 고로 태양이 어두워지는 것은 주님 사랑이 떨어진다는 뜻이고, 달이 빛을 주지 않는 것은 믿음의 상실이고, 별이 떨어지는 것은 순수한 진리의 지식이 없음을 의미합니다."

나는 "큰일이군요."

나그네는 "해는 검은 머리털로 짠 천처럼 검게 변하고 달은 온통 핏빛으로 변하고 별은 거센 바람에 흔들려서 무화과나무의 설익은 열매가 떨어지듯이 땅에 떨어졌다고 했습니다."

나는 "무슨 의미이지요?"

나그네는 "사랑과 믿음의 변질 상태입니다. 하늘의 별이 땅에 떨어지는 것은 진리의 지식이 떨어지는 것을 의미합니다. 무화과나무가 대풍에 흔들려 설익은 열매가 떨어진다는 말은 삶에서 진리가 무너지는 광경입니다. 세속을 좋아하고 양심과 이성을 무시하며 진리를 아전인수로 왜곡하는 것은 대풍에 흔들려 설익은 열매가 떨어지는 것과 같습니다. 달이 핏빛으로 변한다는 말은 진리에 대한 응답이 거짓으로 왜곡되었다는 의미입니다."

나는 "그러면 계시록에 태양의 삼분의 일과 달의 삼분의 일과 별들의 삼분의 일이 타격을 받아 그것들의 삼분의 일이 어두워졌으며 낮의 삼분의 일이 빛을 잃고 밤의 삼분의 일도 마찬가지로 빛을 잃었다는 의미는 무엇인가요?"

나그네는 "교회의 상태를 의미합니다. 모든 발광체가 어두워지니 온전해지겠어요? 결국 인간의 마음이 그러하다는 거지요. 한마디로 교회가 부패한 상태입니다. 즉 사랑과 믿음, 진리의 지식이 부패하였다는 의미입니다."

나는 "발광체가 어두워지면 어떻게 될까요?"

나그네는 "바울은 주님을 힘입어 살며 기동한다고 했습니다(행 17:28). 흑암은 빛이 전혀 없는 짙은 어둠입니다."

나는 "주님께서 십자가에 달리셨을 때 낮 열 두 시부터 온 땅이 어둠에 덮여 오후 세시까지 계속 되었다고 했습니다."

나그네는 "태양이 어두워졌다는 말은 진리의 무너진 상태 즉 영적 어둠을 의미합니다. 십자가 주변에 깔린 어둠은 이미 교회에 퍼진 거짓과 악의 상태를 의미합니다. 낮 열두시에서 오후 세시는 교회의 마지막 상태를 의미합니다."

나는 "그러면 어둠의 상태는 교회가 진리를 잃어버리고 거짓으로 가득하게 되었다는 뜻인가요? 참으로 무서운 일이군요. 교회가 진리가 없다면 교회 존재 이유를 잃어버린 것 아닌가요?"

나그네는 "교회 안에 어둠이 퍼져 진리를 제대로 보지 못하고 쓸데없는 변론과 사설만 난무하게 된 상태입니다."

나는 마음을 가다듬고 나그네에게 물었다. "하나님이 두 큰 광명체를 만드셔서 큰 광명체로 낮을 주관하게 하시고 작은 광명체로 밤을 주관하게 하셨다고 하셨는데 설명을 부탁드립니다."

나그네는 "발광체는 해와 달을 의미합니다. 해는 사랑이고 달은 믿음을 의미합니다. 큰 발광체는 사랑을 의미하기 때문에 낮을 주관한다고 하였고 작은 발광체는 믿음을 의미하기 때문에 밤을 주관한다고 하였습니다."

나는 "주님은 사랑과 믿음으로 밤낮을 다스리는군요."

나그네는 "주님 사랑을 믿음으로 받아들이는 것을 의미합니다."

나는 "발광체를 하늘 공간에 둔다는 의미는 무엇인가요?"

나그네는 "인간의 마음에 둔다는 의미입니다. 큰 발광체는 인간의 의지에 작은 발광체는 이해에 놓는 것입니다."

나는 "그렇다면 의지는 사랑, 이해는 믿음에 관련이 있군요?"

나그네는 "그렇습니다."

나는 십자가 주변에 깔린 어둠이 마지막 때 교회의 어두운 상태라는 말에 가슴이 답답하고 떨림을 느꼈다. 이 시대를 '진리의 기근'이라고 말하는 이유는 단지 문자에만 의존해서 말씀을 읽고 듣는 정도로 신앙생활 다하는 것으로 여기고 사랑으로 선용하는 데는 소홀하기 때문이다. '천국에 가는 길 험하여도 생명길 되나니 은혜로다'라는 찬송을 부르면서 울며 고난의 길을 걸어갔던 신앙 선배에게 부끄러운 일이다.

나그네와 헤어지고

달을 만나다

달은 밤에 빛을 비춘다. 달은 해와 버금가는 중요한 위치에 있다 (창1:14-16). 아브라함의 조상은 우르에서 달의 신을 섬겼다고 한다. 우르에는 지금도 달을 섬기던 3층 탑 '지구랏' 이 남아 있다.

내가 달에 대해 알고자 할 때 지나가는 나그네가 나의 모습을 살피며 다가와서는 말을 했다. "무엇이 알고 싶은가요?"

나는 "나는 진리를 알고자 마음의 세계를 여행 중인데 달에 대해 알려 주시기를 바랍니다."

나그네는 "사람들은 오래 전부터 바닷물의 밀물과 썰물이 달의 주기와 관계가 있음을 알아냈습니다. 또한 여성의 생리주기와 생체 리듬이 달과 연관이 있습니다."

나는 "그래서 달력을 만들어 냈나요?"

나그네는 "옛날부터 사람들은 태양력보다 달력이 농사를 짓는데 시간의 척도로 사용하기에 편리함을 알고 있었습니다."

나는 "달은 기후와도 관계가 있지요?"

나그네는 "달은 지구의 기후를 조정합니다. 달은 물과 비, 여자와 동물의 출산율, 식물의 성장과 수확에도 관련이 있습니다."

나는 "달이 기울고 소생하는 것은?"

나그네는 "달이 완전 기울게 되면 사흘 밤 동안 모습을 감춥니다. 그리고 나흘 만에 다시 솟아오릅니다. 영적인 면에서 죽음과 부활을 의미합니다."

나는 "그러면 달이 밤을 주관한다는 것은 무슨 뜻이지요?"

나그네는 "밤은 어둠의 세계입니다. 달은 태양의 빛을 반사합니다. 그러므로 달은 믿음을 의미합니다. 믿음은 진리를 드러내는 것입니다. 이는 세상에 진리의 믿음이 필요함을 의미합니다."

나는 "달은 믿음을 의미한다고요? 그렇다면 마치 세상은 달과 같다는 말인가요?"

나는 "그렇군요. 이와 같은 내용이 성경에 있나요?"

나그네는 "너는 또 이스라엘 자손에게 명령하여 올리브로 짠 순수한 기름을 등불을 위하여 네게로 가져오게 하고 끊이지 않게 등불을 켜되 아론과 그의 아들들로 회막 안 증거궤 앞 휘장 밖에서 저녁부터 아침까지 항상 여호와 앞에 그 등불을 보살피게 하라 이는 이스라엘 자손이 대대로 지킬 규례이니라"(출27:20-21).

나는 "등불을 켜는 것은 무엇을 말하지요?"

나그네는 "등불을 켜는 것은 마음에 빛을 밝히는 것을 의미합니다. 이스라엘의 아들들에게 명령하라는 의미는 영원히 존재하는 교회를 의미합니다. 두드려 찧어 짜낸 올리브기름은 사랑과 믿음을 의미합니다. 두드려 찧어 짜냈다는 말은 연단을 통한 순수함을 의미합니다."

나는 "순수 사랑으로 빛을 밝히라는 건가요?"

나그네는 "회막은 주님의 현존하시는 장소를 의미하는데 증거궤 앞 휘장은 천국과 교회가 하나됨을 의미합니다. 저녁부터 아침까지 항상 여호와 앞에 그 등불을 보살피게 하라는 의미는 좋은 때든지 나쁠 때든 믿음을 가져야 함을 의미입니다."

나는 "허리에 띠를 띠고 불을 켜 놓고 기다리라는 말은 무슨 뜻이지요?"(눅 12:35-37)

나그네는 "이스라엘 백성에게 출애굽할 때 허리에 띠를 띠고 발에는 신을 신고 손에는 지팡이를 잡고 서둘러 먹어야 한다고 했습니다(출12:11). 이는 영적인 준비 태도를 의미하는 말입니다. 출애굽하는 것은 내적으로나 외적으로 악에서 탈출하여 주님에 의해 자유함을 얻는 것을 의미합니다."

나는 "허리에 띠를 띠는 것은?"

나그네는 "마음의 세계에서 허리는 애정을 표현합니다. 허리에 띠를 띠는 것은 옷을 추켜올려서 묶는 것인데요. 진리를 낮은 단계에서 높은 단계로 들어 올림을 의미합니다. 다시 말하면 애정을 가지고 진리를 대하는 것입니다. 목표는 선입니다. 그러므로 허리에 띠를 띤다는 것은 선을 사랑하는 상태를 의미합니다."

나는 "신을 신는다는 것은?"

나그네는 "발에 신을 신는 것은 외적으로 준비해야할 부분에 관련된 말씀입니다. 발에 신이 벗겨져 있는 것은 불결한 상태를 드러내는 것을 의미합니다(사20:2). 발가벗은 몸과 맨 발은 진리가 박탈된 상태를 의미합니다. 신을 신는다는 것은 수치를 면하고 불결한 상태로부터 분리되는 작업이라고 할 수 있습니다."

나는 "그러면 등불을 켜 놓는 것은?"

나그네는 "등불을 켜 놓는다는 것은 정신적으로 계발된 상태를 의미합니다. 등은 기름을 담는 그릇입니다. 고로 그릇에 사랑의 기름이 채워질 때 어둡던 마음이 밝아지게 됩니다."

나는 "열 처녀 비유도 같은 의미이겠군요."

나그네는 "등불을 켠다는 말은 진리를 이해하고 생활 속에서 활용하는 것입니다. 지혜로운 처녀가 등불과 기름을 준비하였다는 의미 진리를 사용하기 위한 준비가 된 상태를 의미합니다."

나는 "등불이 밝게 빛나는 것은 무엇을 의미하나요?"

나그네는 "등불이 밝게 빛나는 것은 진리와 사랑, 믿음과 행함이 일치하여 삶이 환하게 빛나게 됩니다. 그것은 믿음과 행함이 일치한 정도만큼 밝습니다. 넓게 말해서 사랑이 정신적 제단 위에서 항구적으로 불타오르는 것을 말합니다. 그것은 매일 생활 속에서 늘 주님을 인식하며 믿음으로 사는 것과 같습니다."

나는 "어떻게 인식하지요?"

나그네는 "삶을 살아가면서 매순간마다 주님의 말씀이 내 발에 등불이요, 내 길에 빛이라는 사실을 생각하고 깨달아야 합니다."

나는 "종이 준비되어 있으면 기뻐한다고 했습니다."

나그네는 "주인은 지배적인 사랑에 해당됩니다. 반면에 종은 삶의 방식에 해당됩니다. 삶의 방식은 사랑에 의해 형성됩니다."

나는 "그러면 집주인은 무엇을 말하나요?"

나그네는 "집주인은 주님이십니다. 주님은 거듭난 사람의 마음을 다스리시는 통치자이십니다."

나는 "거듭난 사람에게 주시는 사랑은 주님의 것이군요."

나그네는 "네, 거듭난 사람은 주님의 사랑을 가지고 언제나 진리를 실천할 준비를 합니다. 거듭난 사람은 언제나 그런 마음 상태를 유지합니다."

나는 "그러면 주님께서 사랑을 어디에 주시나요?"

나그네는 "주님은 의지 속에 사랑을 주십니다. 의지는 삶을 성취하는 목적입니다. 결국 주님은 사랑의 목적을 주십니다."

나는 "주님께서 마음 문을 두드리는 것은 무엇을 의미하지요?"

나그네는 "주님께서 마음 문을 두드리는 것은 진리가 이해의 수준에 다가오는 것입니다. 주님은 먼저 이해의 문을 두드리십니다. 주님은 모든 사람이 진리를 배워서 실천하기를 원하십니다. 이 세상에서 삶은 정도 차이가 있지만 진리 아니면 거짓 둘 중의 하나의 삶을 살아갑니다."

나는 "아! 맞아요. 사람들은 자기 생각이 옳다고 여기면서 상대방에게 강요하거나 훈계를 하면서 가르치려 듭니다. 그러나 행실을 보면 전혀 그렇지 못합니다."

나그네는 "주님께서 사람들에게 진리를 주시고자 내가 문밖에 서서 문을 두드리고 있다. 누구든지 내 음성을 듣고 문을 열면 나는 그 집에 들어가서 그와 함께 먹고, 그도 나와 함께 먹게 될 것이라고 하셨습니다." (계3:20).

나는 "서서 두드린다는 것은 무슨 뜻이지요?"

나그네는 "주님이 서서 두드림은 주님의 현존을 말합니다."

나는 "문을 연다는 것은 주님께 돌아서는 건가요?"

나그네는 "잘 보셨습니다. 주님께 문을 여는 것은 의지적으로 주님께 돌아섬을 의미합니다. 의지가 돌아서기 위해서는 먼저 막힌 장애물을 제거해야 합니다."

나는 "장애물이 무엇인가요?"

나그네는 "장애물은 자신 속에 있는 거짓과 악입니다. 거짓과 악이 제거될 때 우리는 그분께 문을 열어 드릴 수 있습니다. 그러면 주님은 사랑과 지혜를 가지고 마음에 들어오십니다."

나는 "장애물을 어떻게 제거하지요?"

나그네는 "회개해야 합니다. 생각으로 들어오는 의심과 세상 염려와 악한 의도를 끊어야 합니다. 그런 생각이 들면 운동을 하거나 찬송을 부르거나 일을 부지런히 하거나 성경 말씀이나 영적인 신앙 서적을 소리 내어 읽도록 하세요."

나는 "마음의 문을 열면 주님께서 즉각적으로 들어오시나요?"

나그네는 "그분은 지금도 여전히 들어오시기 위해 열려있는 마음의 입구를 꾸준히 찾고 계십니다. 지체하지 않으십니다."

나는 "만일 진리를 의심하면 어떻게 되나요?"

나그네는 "의심은 아주 사악한 의도입니다. 잘 생각해 보세요. 의심하는 자의 곁에는 언제나 마귀가 도사리고 있습니다. 그것은 주님을 가장 가슴 아프게 만드는 인간의 반역입니다."

나는 "어떻게 해결 방안이 없을까요?"

나그네는 "맑은 아침에 저 멀리 있는 산을 보면 산의 정상이 뚜렷하게 보입니다. 그러나 안개가 잔뜩 깔린 날은 그 산이 보이지 않습니다. 그러므로 마음에 짙은 안개와 같은 것이 잔뜩 깔린 상태에서는 천국을 의심할 수밖에 없습니다."

나는 "한마디로 의심은 정신적인 밤의 상태이군요?"

나그네는 "네. 깜깜한 밤의 상태입니다. 주님께서 가장 싫어하시는 밤의 상태입니다."

나는 "정신적 밤의 상태에서는 어떻게 해야 할까요?"

나그네는 "그러므로 아무리 밤이 온다고 할지라도 길을 기억하고 있어야 합니다. 그리고 그 길을 찾아나서야 합니다. 주님께서 나는 길이요, 진리요, 생명이라고 하셨습니다."

나는 "어떻게 길의 방향을 찾을 수 있을까요?'

나그네는 "먼저 자신의 삶에서 진리를 잘 대접해야 합니다. 진리를 소중하게 여겨야합니다. 자신의 고집으로 진리가 비비꼬이거나 뒤집혀지지 않도록 조심해야 합니다."

나는 "진리가 뒤집혀진다고요?'

나그네는 "네, 진리의 뒤집힘은 의도적으로 의심하여 진리를 망가뜨려 버린 상태입니다."

나는 "진리가 뒤집혀진 사람을 보았습니다. 자신의 못된 행실로 온갖 죄를 지었음에도 불구하고 여전히 자신은 전혀 문제가 없는 듯이 말을 하고 남의 탓만 계속하고 있었습니다. 불쌍한 인생이었습니다. 내가 가만히 이런 자들을 살펴보니 모두 세속적이고 악마적이고 간사한 궤계를 가지고 있었습니다."

나그네는 "진리를 뒤집은 사람은 천국과는 아무런 관계가 없습니다. 진리는 천국의 길이기 때문입니다."

나는 "천국과 관계없다고요? 세상에 살면서 이후에 죽어 천국에 들어가지 못한다면 얼마나 억울할까요? 성경공부하면서도 천국과 관계없으면 무슨 소용이 있나요? 진리를 믿는다고 하면서 천국과 거리가 멀다면 종교생활이 무슨 의미가 있나요? 교회에 다니면서 거듭나지 못하고 주님의 사랑과는 거리가 먼 삶을 살다가 죽어 지옥에 간다고 한다면 무슨 소용이 있나요?"

나그네는 "무서운 일입니다. 그래서 자신 안에 주님의 형상이 잘 이루어져 있는지를 검증해야 합니다. 마음에 모자이크로 만든 주님의 초상화가 있다고 가정해 봅시다. 작은 퍼즐이 모여서 주님의 형상이 드러납니다. 퍼즐은 제 위치에 있음으로 아름다운 작품이 됩니다. 그 배열 중에 하나라도 어긋난다면 그 초상화는 아주 다른 얼굴이 되고 맙니다. 진리도 이와 같습니다."

나는 "퍼즐조각을 맞추듯이 배열을 다시 해야 되겠군요?"

나그네는 "배열은 진리의 본질적 모습을 찾는 노력입니다. 진리를 구하고 삶에 진리를 실천하면 주님의 형상이 나타납니다."

나는 "성경에는 달이 빛을 주지 못하는 때가 온다고 했는데요?"

나그네는 "해를 사랑이라 하고 달을 믿음이라고 하고 별을 지식이라고 함은 천국의 요소이기 때문입니다. 달이 빛을 주지 못한다는 의미는 천국의 요소가 떨어졌다는 그런 뜻입니다."

나는 "그러면 믿음도 당연하게 식어지겠네요?"

나그네는 "주님을 사랑하지 않으면 절대로 믿음이 있을 수가 없습니다. 그럼에도 믿음이 있다고 자랑하는 자가 있습니다."

나는 "그런 자들을 많이 보았습니다."

나그네는 "사실 그런 자들은 세상을 사랑하는 자입니다. 그들이 세상을 사랑하는 만큼 주님 사랑은 식어질 수밖에 없습니다."

나는 "그러면 사랑한다는 것은 무엇을 의미하는 건가요?"

나그네는 "사랑은 의지적인 원리입니다. 사랑한다는 것은 목적을 가진다는 의미입니다. 목적에서 방법이 나옵니다."

나는 "그렇다면 믿음은 사랑의 목적을 위한 수단이군요?"

나그네는 "그러므로 진리를 사랑해야 합니다. 성경에는 주여! 주여! 라고 말하는 자가 천국에 들어가는 것이 아니고 주님의 뜻을 행하는 자가 들어간다고 했습니다." (마7:21,22).

나는 "아! 그렇군요. 주님의 뜻을 행한다는 말은 사랑의 목적을 의미하는 말이군요. 말로만 외치는 자는 사랑 없이 믿음만을 가지고 천국에 가고자 하는 자들인가요?"

나그네는 "사랑 없는 믿음은 열기 없는 빛과 같습니다. 열기가 없으면 만물이 성장할 수 없습니다."

나는 "그래서 추운 겨울에는 꽃을 피우지 못하는 건가요?"

나그네는 "그렇습니다. 봄에 꽃이 피는 이유는 열기가 있기 때문입니다. 열기가 있어야 꽃이 피고 열매를 맺습니다."

나는 "영적인 면에서도 그런 원리가 적용되나요?"

나그네는 "겨울철에 태양의 열기가 약해서 나무가 메마르고 죽은 듯이 보이는 것처럼 영혼도 사랑의 열기가 없으면 죽습니다."

나는 "열기로 인해 동식물이 번성하는군요."

나그네는 "네, 그래서 마가복음에 환란 날 도망할 때 겨울철이 되지 않도록 기도하라고 했습니다. 사랑 없는 믿음의 상태를 두고 겨울이라고 합니다." (막13:18-19).

나는 "그러면 도망의 의미는 무엇인가요?"

나그네는 "교회의 마지막 때를 의미합니다. 개인적으로 말하자면 육체적으로 죽음을 맞이할 때를 의미합니다."

나는 "그러면 진실된 믿음은 무엇인가요?"

나그네는 "주님을 사랑하고 이웃을 사랑하시는 말씀에 순종하는 것입니다. 주님은 이것보다 더 큰 계명은 없다고 하셨습니다. 삶으로 믿음을 증명해야 합니다."

나그네와 헤어지고

별을 만나다

하늘에 별이 떠 있다. 마침 지나가는 이가 자신을 '동방박사' 라고 소개하면서 나에게 말을 걸었다. "무엇을 그렇게 골똘하게 생각하십니까?"

나는 "나는 진리를 찾고자 마음의 세계에 다니고 있습니다. 별에 대해서 알고 싶은데 알려주는 이가 없습니다."

동방박사는 "마음의 세계에서 반짝이는 저 별은 마음을 밝혀주는 깨달음과 지식을 의미합니다."

나는 "하늘의 별이 깨달음의 지식이라고요? 어둠속에서 반짝이는 저 별이 깨달음이라는 의미인가요?"

동방박사는 "그렇습니다. 주님은 깨달음의 지식을 중요하게 여기십니다. 깨달음 없이 천국에 이르기 어렵습니다. 그래서 주님은 오른손에 일곱 별들을 가지고 계시다고 하셨고, 일곱 별들은 일곱 교회들의 천사들이다고 하셨습니다."(계1:16).

나는 "그렇군요. 무슨 의미이지요?"

동방박사는 "깨달음은 하늘의 진리를 삶의 경험 속에서 하나씩 둘씩 알아간다는 의미입니다."

나는 "결국 우리가 천국에 이르려면 그런 지식이 필요하다는 것이네요. 어두운 밤 같은 세상에서 반짝거리는 별처럼 깨달음의 지식을 얻고 싶습니다. 일곱별은 구체적으로 무슨 뜻이지요?"

동방박사는 "일곱별은 교회의 영이고 이끄시는 분은 주님이시라고 했습니다."

나는 "아! 교회의 영이라! 영들은 천사이지요? 주님께서 천사들을 통해서 깨달음을 주시는군요. 그러면 일곱이라는 숫자는?"

동방박사는 "일곱이라는 숫자는 단지 숫자를 의미하지 않고 거룩을 뜻합니다. 일곱은 거룩을 의미하는 숫자입니다. 주님께서 거룩한 지식을 주신다는 의미입니다."

나는 "아! 그렇군요. 그러면 성경에 등불처럼 타고 있던 큰 별이 천국에서 떨어졌다는 의미는 무엇이지요?"(계8:10).

44

동방박사는 "네, 그 말은 마음속에 신성한 진리의 지식이 소멸되었음을 의미합니다. 악한 열정을 갖고 있거나 스스로 자만하게 되면 마음속 하늘의 별이 떨어지는 위기에 처합니다."

나는 "그런데 그것이 강과 샘들 위에 떨어졌다고 했어요."

동방박사는 "진리의 지식이 왜곡된 사상으로 아주 변질되었음을 의미합니다."

나는 악한 열정이 무엇인지를 생각해 보았다. 악한 열정은 자만한 상태와 비교될 수 있다. 내가 경험한 악마적인 사람들의 특징을 보면 언제나 의심과 자만이 들끓었다. 그들은 객관적으로 내세울만한 것을 가지지 못한 병들고 무식한 거지와 다를 바 없음에도 불구하고 너무나 자만하였다. 그리고는 비록 자신은 현재 이렇지만 나중에 크게 되면 두고 보자는 식이었다. 이들은 마음속에 앙심을 품고 있었다.

모든 사람은 나름대로 어떤 영향력을 가지고 있다. 선한 영향력이든 악한 영향력이든 인간은 자신의 행위에 대해 책임을 져야 한다. 또한 인간은 저 세상에서도 이 세상에서와 마찬가지로 영향력이 계속된다. 인간은 책임져야 하는 존재임을 잊어서는 안된다. 그렇다면 악한 열정의 영향력이란 무엇인가? 어떤 자는 세월이 흐르면 흐를수록 아주 몹쓸 정도로 더욱 악해져서 타락에 이른 사람이 있다. 이들은 본인이 행하는 짓을 당연시하고 합리화한다. 또한 타인이 올바르게 행하는 것까지 간섭하여 타인마저 자기와 비슷하게 만들어 버린다. 결국 그의 악한 열정은 새의 둥지처럼 튼튼하게 자리 잡아 불행의 기초가 되고 만다.

나는 "그렇군요. 주변에 지식의 자만에 젖어서 변론을 앞세우는 자들이 얼마나 많은지 모릅니다. 이런 자들은 자만심에 들떠서 오히려 개혁을 주장합니다."

동방박사는 "자만한 자들이 개혁을 주장해보았자 헛수고입니다. 개혁하겠다는 뜻은 참된 진리의 지식을 얻고자 함인데 주님 앞에 겸손하지 않으면서 과연 진리의 지식을 얻을 수 있을까요?"

나는 "참된 진리의 지식을 얻으면 어떻게 되나요?"

동방박사는 "참된 진리의 지식을 알면 믿음에 이르게 됩니다. 그리고 믿음은 사랑에 도달합니다. 사랑의 증거는 인격에서 선한 말과 행동이 나옵니다. 그러면 또다시 말과 행위로 진리의 지식이 더해집니다. 가진 자는 더 갖게 된다는 원리입니다. 이것이 거듭남의 순환과정 입니다."

나는 "아! 그렇군요. 거듭남의 순환과정이라! 그 순환과정이 일생

동안 지속되나요?"

동방박사는 "거듭남의 순환 과정은 일생 지속됩니다. 진실된 마음으로 진리를 얻고자 한다면 이런 구절을 잘 보셔야 합니다. 주님께서 나다나엘에게 하신 말씀인데요. 인자위에 천사들이 오르내리는 것을 볼 것이라고 말씀하신 부분입니다."

나는 "천사들이 오르내리는 것을 본다고요?"

동방박사는 "주님께서 나다나엘에게 앞으로는 더 큰 일을 보게 될 것이다. 너희는 천국이 열려 있는 것과 하나님의 천사들이 인자 위에 오르내리는 것을 볼 것이라고 말씀하셨는데 하늘이 열리고 천사들이 오르내리는 것은 주님의 신성과 인간이 교통하는 상태입니다."

나는 "신성과 인성의 교통을 말하는 건가요?"

동방박사는 "그렇습니다. 신성과 인성의 교통은 생각이 천국과 연결되는 상태를 의미합니다. 이것이 참 진리의 지식입니다."

나는 "아무리 대단한 지식이라도 천국과 연결되지 않는다면 땅위에서 그치는 가치 없고 쓸모없는 지식이 되고 말겠군요."

동방박사는 "땅의 지식은 육신적인 편리와 감각적 만족을 위한 지식입니다. 그 지식이 하늘의 신성과 연결된다면 영적인 지식입니다. 돈을 사용하지만 땅에 것만을 위해 사용한다면 세상적이 되지만 하늘나라를 위해 쓴다면 영적이 되는 이치입니다."

나는 "뭐든지 하늘나라와 연결이 되어야 하겠군요."

동방박사는 "그렇습니다. 주님께서 광야에서 시험받으신 후 천사들이 주님께 시중들었고, 천사가 나타나 힘을 북돋우어 드렸습니다. 천사들의 섬김은 주님의 신성을 드러냅니다."

나는 "놀랍기만 합니다. 그런 지식을 어떻게 얻을 수 있나요?"

동방박사는 "진리의 지식은 거듭남을 통해서 얻습니다. 신성과 인성이 끊임없이 상호교통을 하면서 동시에 천사들이 오르내립니다. 우리 눈에는 보이지 않고 느끼지 못하지만 거듭나는 순간에는 이런 일들이 벌어집니다."

나는 나그네의 말을 듣고 이렇게 기도했다. "오! 주여 나로 거듭나게 하셔서 저의 짧은 지식이지만 하늘의 지혜와 연결되도록 인도하소서. 천사가 나를 가르치도록 인도하소서."

나는 베드로 사도가 "여러분은 믿음에 덕을 더하고 덕에 지식을 더하라."(벧후1:5)고 한 말을 생각했다. 믿음이 자라면서 영적인 지식으로 인해 그 인격이 덕스러워진다는 말이다.

부부도 마찬가지이다. 부부는 결혼이라는 과정을 통해서 서로를 알아가면서 서로에 대한 지식이 증가된다. 그리고 그 지식은 서로에 대한 신의를 가져오게 하고 사랑의 열매를 맺게 한다. 그러면서 점차적으로 선을 생산하고 열매를 맺는다.

나는 "주님이 세상에 태어나실 때 동방 사람이 별을 보고 예루살렘에 방문한 일에 대해 가르쳐 주시기 바랍니다."

동방박사는 "음, 메시아의 오심에 관한 지식을 동방에 있던 슬기로운 사람들이 알고 있었던 듯합니다. 그들은 새로 태어난 별을 보면서 약속되어진 구세주의 탄생의 별임을 인식했습니다."

나는 "별을 보고 왕이 태어나실 것을 알았다는 말이군요."

동방박사는 "그들의 영적 시야는 열려 있었습니다. 영적 식별력을 지닌 자들만이 그 의미를 해석해낼 수 있습니다."

나는 "박사들은 누구인가요?"

동방박사는 "박사들은 영적 총명이 있는 이방인입니다."

나는 "왜 별은 밤에 반짝이지요?"

동방박사는 "밤은 암흑입니다. 별은 박사들을 예루살렘으로 안내해서 율법학자들로부터 메시야 탄생을 배우도록 만들었습니다. 진리의 지식이 필요하기 때문입니다."

나는 "동방박사라고 했는데, 동쪽의 의미는 무엇이지요?"

동방박사는 "마음의 세계에서 동쪽은 동서남북과 같은 방위를 의미하기 보다는 주님 사랑을 상징합니다. 동쪽에서 예루살렘까지 온다는 것은 진보하는 지식을 의미합니다. 더 높은 진리로 진행함을 뜻합니다."

나는 "헤롯을 만난 후에 박사들은 동방에서 본 별이 그들을 앞서 가다가 마침내 아기가 있는 곳 위에 멈추었다고 했습니다."

동방박사는 "별이 두 번째 나타났습니다. 처음별은 구세주 탄생을 암시했고 두 번째 별은 구세주가 있는 곳으로 안내했습니다."

나는 "박사들이 매우 기뻐했겠군요?"

동방박사는 "그렇습니다. 박사들은 이를 보고 대단히 기뻐했습니다. 진리를 직감할 때 기쁨이 찾아옵니다. 특히 가장 위대한 진리, 주님을 아는 지식을 직감하면 가장 위대하고 순수한 기쁨을 느끼게 해줍니다."

사도 요한이 밧모 섬에서 하늘에 한 여자가 태양으로 옷을 입고 달을 밟고 열두 별이 있는 왕관을 머리에 쓴 장엄한 광경을 보았는데 이는 교회를 의미한다. 태양은 사랑, 달은 믿음, 별은 하늘의 지식을 상징한다. 열두 별 왕관은 천국에 관한 지혜의 왕관을 말한다. 교회는 그런 지식을 가르쳐야 하지 않겠는가!

동방박사라고 이름하는 자와 헤어지고

땅과 만나다

태초에 하나님이 천지를 창조하시니라(창1:1)고 했다. 하늘은 보이지 않는 것이라면 땅은 보이는 것들의 터전이다. 땅은 생물의 터전이 되어 바닥을 제공하며 광물과 동식물을 소유한다. 땅은 하늘로 숨 쉬며 하늘은 땅으로 만물을 낸다. 그렇게 하여 하늘과 땅은 하나를 이룬다. 생명 있는 모든 것은 땅에서 몸을 얻어 하늘을 숨쉬어 살다가 숨은 하늘로 돌리고 몸은 땅으로 되돌린다.

나는 땅에게 인사를 했다. "나는 마음의 세계를 다니면서 진리를 얻고 있습니다. 당신에 대해 알려 주시기 바랍니다."

땅은 "땅은 성경에서 사람과 교회와 민족과 나라와 관련이 있습니다. 땅은 나라(창21:32), 거민(창6:11), 이방 나라(왕하18:25), 이 세상(요3:31) 등의 의미로 쓰여 집니다. 땅은 사람을 뜻합니다. 땅은 교회와 그곳에 사는 사람을 뜻하고, 성품을 의미합니다."

나는 "창세기에 처음 등장하는 땅도 그런가요?"

땅은 "그렇습니다. 태초에 하나님이 하늘과 땅을 창조했다고 하였습니다. 처음에 거듭나기 전의 사람은 공허한 땅입니다(창1:2). 생명이 전혀 없는 텅 빈 상태라는 뜻입니다."

나는 "하나님은 그런 땅에서 동식물이 나게 하시고 흙으로 사람을 지으셨지요?"

땅은 "사람이 거듭나는 과정도 이와 같습니다. 텅 빈 영혼의 상태에서 하나님의 숨이 들어오고 진리의 강이 흐르고 초목과 새와 짐승이 태어납니다. 그리고 비로소 하나님의 형상을 닮은 사람으로 거듭납니다."

나는 "자세하게 설명해 주세요."

땅은 "사람이 엄마 뱃속에 있을 때는 영적으로나 자연적으로 단지 잠재적 요소만 가지고 있습니다. 그런데 유아기에서부터 진리를 배움으로 진정한 사람이 되어갑니다. 빛이 비친다는 것은 주님의 진리를 배우게 된다는 의미입니다. 사람이 진리를 배움으로써 믿음과 사랑을 가지게 되고 그분을 닮아갑니다. 이것이 일곱째 날 안식일로 향해 가는 여정입니다. 안식일은 평화와 행복을 의미합니다."

나는 "창조의 순서는 사람의 진전하는 과정을 의미하나요?"

땅은 "창조의 목적은 거듭난 사람들로 이루어지는 천국을 만들기 위함입니다. 사람 안에는 보다 높은 속성 제3의 눈이 있습니다. 그것을 영적 눈이라고 합니다. 영적 눈으로 자기를 인식하여 성숙이 이루어졌을 때 천국의 즐거움을 만끽할 수 있습니다. 이것이 인간 영혼의 발달 과정입니다."

나는 "그러면 모든 인간은 거듭남의 과정을 밟고 있는 거네요."

땅은 "그 과정은 매우 길고 고통스럽습니다."

나는 "음.. 아브람과 그의 가족이 고향을 떠나 가나안 땅으로 가라는 주님의 부름을 받은 것도 거듭나는 과정을 의미하나요?"

땅은 "그렇습니다. 삶은 여행과 같습니다. 주님께 순종하기를 소원하는 사람은 아브람처럼 영적 여행을 하도록 부름을 받습니다. 우리가 주님의 뜻에 따라 순종하면 주님이 아브람에게 약속하셨던 것처럼 주님은 우리와 함께 하셔서 우리를 보호하시고 마침내 가나안에 도달하도록 해주십니다. 젖과 꿀이 흐르는 가나안 땅은 우리의 천국 인격을 의미합니다."

나는 "그래서 성경에 주님에 관하여 하늘을 펴시며 땅의 터를 세우시며 사람 안에 심령을 지으신 자라고 하였나요?" (슥12:1,2).

땅은 "땅의 터에 주님께서 진리를 세우셨습니다. 주님께서 사람을 밭으로 비유하신 이유가 그 때문입니다." (마13:19-24).

나는 "진리를 세우기 위한 땅은 어떤 땅인가요?"

땅은 "당연하게 좋은 땅이 되어야 합니다. 좋은 땅은 진리를 수용하는 교회를 의미합니다. 말씀을 받아 순종하며 사랑의 삶으로 결실을 맺는 사람은 살아있는 땅입니다. 그렇지 못한 사람은 죽은 땅과 같습니다."

나는 "죽은 땅은 무엇인가요?"

땅은 "죽은 땅은 진리로 숨을 쉬지 않은 땅입니다. 사람도 역시 진리로 숨을 쉬지 않으면 죽은 자가 됩니다."

나는 "여호와께서 너를 기뻐하실 것이며 네 땅이 결혼한 것처럼 될 것임이라고 했습니다. 결혼한 땅은 무엇이지요?" (사62:4).

땅은 "사람이 믿음과 행함이 하나가 되어 있다면 결혼한 땅이 됩니다. 그 땅에 씨를 심었을 때 많은 수확을 합니다. 주님의 진리가 뿌리를 내려서 지혜의 나무가 자라고 사랑의 짐승이 번성합니다. 이를 두고 교회라고 부릅니다."

나는 "그러니까 땅은 사람의 상태를 말하는군요?"

땅은 "네, 땅은 사람의 상태를 나타냅니다. 성경에 나오는 땅의 이름은 영적인 특성을 지닙니다."

나는 "천지와 만물이 다 이루어지니라는 무슨 의미이지요?"

땅은 "천지와 만물은 마음속 상태를 의미합니다. 천지는 마음속에 있는 하늘과 땅을 의미합니다. 즉 영적 세계와 육신적 세계입니다. 만물은 마음 안에 있는 사상과 애정 등을 말합니다. 천지와 만물은 인간의 영적 상태를 의미합니다."

나는 "새 하늘과 새 땅은 무엇이지요?" (계21:1).

땅은 "새 하늘과 새 땅은 거듭나서 마음이 새로운 상태가 됨을 의미합니다. 하늘이란 내적인 상태이고 땅은 외적인 상태를 의미합니다. 안과 밖이 새로워진 것입니다. 그래서 이사야에서는 새 하늘과 새 땅을 창조한다. 지난 일은 기억에서 사라져 생각나지도 아니하리라고 했습니다." (사65:17).

나는 "죽음의 그림자가 드리운 땅에 사는 사람들은 무엇을 의미하지요?" (사9:2).

땅은 "진리에 무지한 사람의 상태입니다. 진리의 빛이 없는 영혼의 상태는 죽은 것과 다름없습니다. 인간에게 죽음의 그림자는 지옥과 같습니다."

나는 "오늘날 죽음의 그림자 땅과 같은 사람들이 많습니다."

땅은 "그런 자의 마음은 귀신의 처소와 같습니다. 더럽고 이기적이고 교만하고 악한 기운이 그 영혼을 잡아먹습니다. 아! 얼마나 흉악스러운지요?"

나는 "사람이 마귀가 될 수 있다는 말이 실감납니다."

땅은 "그렇습니다. 마음의 상태에 따라서 천사가 머물기도 하고 마귀가 머물기도 합니다."

나는 "이집트 땅은 무엇을 말하지요?"

땅은 "고대로부터 이집트는 곡창 지대입니다. 이집트는 나일 강으로 인해서 농토의 비옥함을 강우량에만 의존하지 않게 되어 타 지역들이 가뭄과 흉년을 동시에 겪을 때에도 그곳만은 예외였습니다. 이집트는 상형문자가 발달하여 지혜를 기록하여 쌓아 두었습니다. 이집트는 지식의 보고라고 할 수 있습니다. 그래서 이집트를 자연 과학적 지식이라고 합니다."

나는 "축척된 지식이라고 할 수 있겠군요."

땅은 "네, 나일 강의 풍성한 물을 끌어대듯이 이집트인들은 옛 고대의 전수된 지식을 가지고 살았습니다."

나는 "이집트 땅에 기근이 들었다는 의미는?"

땅은 "이집트는 모든 나라에 곡식을 대주는 곡창 지대입니다. 기근이 들었다는 말은 영적 진리의 깨달음 없이 지식과 학문에만 기대어 살아가는 삶을 의미합니다."

나는 "그렇다면 가나안 땅에 기근이 들면?"

땅은 "진리의 지식을 찾아 이집트로 가야만 합니다(마2:15). 영적 깨달음에 이르기 전에 먼저 준비 과정을 거쳐야 합니다. 말씀의 오묘한 이치를 터득하기 전에 먼저 그에 맞는 학문과 지식을 얻어야 합니다."

나는 "만일 학문과 지식에만 머무른다면 어떻게 되나요?"

땅은 "그렇게 된다면 세속적 지식에 빠져서 거짓의 기초가 될 수 있습니다. 지식에만 머물면 독단적이 되고 그것은 소유욕, 지배욕의 올무가 됩니다. 그래서 성경에는 주님의 백성을 애굽 땅, 종되었던 집에서 인도하여 내었다고 하였습니다." (출20:2).

나는 "영적인 사람들은 이집트를 반드시 거쳐야만 하나요?"

땅은 "네, 이집트를 거치되 반드시 돌아 와야만 합니다. 그러나 자기 생각에만 머물러 주님께 묻지 않으면 이집트를 보고 도움을 구걸하는 저주 받은 자라고 할 수 있습니다." (사31:1).

나는 "자기 지식에 머물러 참된 지혜를 구하지 않는 자는 저주받은 가련한 자로군요."

땅은 "주께서 한 포도나무를 이집트에서 가져다가 민족들을 쫓아내시고 그것을 심으셨다고 했습니다. 이 말은 지식에만 머물지 말고 영적 깨달음으로 나아가라는 뜻입니다."(시80:8).

나는 땅과 대화하면서 이집트에서 가나안으로 왜 나가야 하는가를 생각하였다. 영적인 세계를 향해 가는 자들은 이집트를 반드시 거쳐야 하지만 결코 오래 머물러서는 안 되며 이집트에서 가나안을 향한 여정은 자연과학적 지식을 얻은 후에 영적 깨달음으로 가는 길이라는 것을 알게 되었다.

나는 많은 시험에서 물 샘 열둘과 종려나무 일흔 그루가 있는 곳에 장막을 치기를 원한다(출15:27). 나는 메마른 시험의 때를 지나 진리가 샘솟는 곳, 주님을 높이는 평화의 장소에 머물러 주님을 찬양하고 기뻐 춤추기를 원한다. 그곳이 내가 머물 곳이다.

이제 내가 영적 가나안에서 할 일은 내 마음속에서 주님이 내 인생을 섭리하신다는 확실한 증거를 밝혀내야만 한다.

나는 "그러면 앗수르 땅은 무엇을 의미하지요?"

땅은 "티그리스 강 상류 니느웨를 수도로 하는 앗수르는 최초의 통일된 제국을 이룬 나라입니다. 앗수르의 통치 철학과 권력의 구조는 인간의 이성을 닮고 있기 때문에 마음의 세계에서는 이성을 의미합니다."

나는 "성경에 보면 앗수르 사람은 가지가 아름답고 그늘은 숲의 그늘 같으며 키가 크고 꼭대기가 구름에 닿은 레바논의 백향목이라고 했습니다."(겔31:3-9).

땅은 "마음의 세계에서 레바논의 백향목은 이성을 의미합니다. 그러나 이성이 지식의 자만에 빠질 때 깨달음에게는 해로운 독소가 되기도 합니다."

나는 "이성을 어디에 사용해야 하나요?"

땅은 "이성은 영적 깨달음을 섬기는 자리에 있어야 합니다. 주님께서는 이성이 완악해지고 독단적이 되어 교회가 망쳐지는 것을 허락하지 않습니다."

나는 "이성이 완악하게 되는 것은 어떤 경우이지요?"

땅은 "어리석은 자가 처음에는 선한 마음으로 시작했다가 온갖 거짓된 사설과 더러운 욕심의 구렁텅이에 빠져 자신을 성찰하지 않고 구덩이에 빠진 원인을 타인에게 두고 저주하거나 비난하는 경우, 선한 마음으로 구제를 한 후에 마음이 변심하여 갑 질을 하거나 상대방을 곤란에 빠뜨리는 경우를 말합니다. 이외에도 이성이 완악하게 되어 진리를 훼손하는 경우는 너무나 많지요."

나는 "결국 자신의 고집으로 타인을 완고하게 대하고 독단적으로 거짓의 올가미에 씌운 것이군요."

땅은 "그것은 마치 독충 전갈과 같습니다. 전갈은 독침으로 사람을 마비시켜 영혼을 파괴합니다. 이런 자는 자신의 꾀로 사람들을 설득하여 부화뇌동하게 만들고는 영혼을 파멸로 이끕니다. 그래서 결국 가련하고 약한 자들을 희생시킵니다. 만일 개인이 완고와 독단으로 행하면 브레이크 없는 자동차와 같이 무작위로 돌진하여 결국 파탄의 지경에 이르고 맙니다."

나는 "듣고 보니 자기를 보지 못하는 자들의 모습이군요. 결론적으로 똑똑한 척 하지만 자기 수준이 밑바닥임에도 불구하고 길을 잃어버리고 제멋대로 고집 부리면서 살아가는 인생이군요. 마치 개가 달이 뜨는 것을 보고 짖어대는 꼴이네요."

나는 "그러면 바벨론 땅은 무엇을 의미하나요?'

땅은 "바벨론을 알고자 하면 바벨론에 대해 말한 느브갓네살의 묘사를 통해 상징적 의미를 가늠해 보아야 합니다."

나는 "어떻게요?'

땅은 "바벨론은 내가 능력과 권세로 건설하여 나의 도성으로 삼고 이것으로 내 위엄의 영광을 나타낸 것이라고 했어요."

나는 "바벨론은 교만을 말하는군요?"

땅은 "네, 바벨론은 교만을 의미합니다. 타인을 지배하고자 하는 교만한 자세입니다."

나는 "타인에게 군림하는 자들이 바벨론 왕이군요."

땅은 "그렇습니다. 바벨론은 성읍과 탑을 건설하여 그 탑 꼭대기를 하늘에 닿게 하겠다고 하였는데요. 이는 교만의 시작을 보여줍니다. 그러다가 결국 언어의 혼잡이 왔습니다. 이기적인 욕망은 언제나 불통과 이해의 단절로 끝납니다. 교만과 지배욕으로 인한 시작과 결말은 항상 그렇습니다."(창11:4).

나는 "역사적으로 보면 앗수르가 이스라엘을 멸망시켰고, 바벨론은 유다를 멸망시킨 것으로 압니다."

땅은 "그 의미를 깊이 생각해 보아야 합니다. 이스라엘은 영적 깨달음이고 유다는 거룩한 삶을 의미합니다. 왜곡된 이성이 깨달음을 방해하고, 교만이 인생을 망치는 상태를 의미합니다."

나는 "아! 참으로 대단하군요! 이런 지혜를 얻을 수 있어서 너무나 기쁩니다."

땅은 "우리는 주님을 떠나서는 살 수 없습니다. 세상에 매여 있는 삶은 진정한 행복을 주지 못합니다."(시137:1-2).

나는 언젠가 '바벨론은 무너지는 날이 오나요?'

땅은 "요한계시록에는 무너졌도다. 무너졌도다. 큰 성 바벨론이여 귀신의 처소와 각종 더러운 영이 모이는 곳과 각종 더럽고 가증한 새들이 모이는 곳이 되었다고 했습니다."(계18:2).

나는 '타인을 지배하는 권세는 무너진다는 의미인가요?'

땅은 "잘 보셨습니다."

나는 진리에 도달하지 못하는 학문의 한계를 알고부터 진정한 본질적 세계를 찾고자 하였다. 그리고 그 어딘가에 해답이 있을 것이라고 여겨 무척이나 몸부림을 쳤다. 그리고 비로소 성경에서 그 해답을 찾았다. 내가 찾은 해답은 곧 '이노센스'이다. 이노센스는 영혼의 순수로 이루어진 진리와 사랑의 세계이며 고대 철학자들이 그리워했던 본질적 이데아의 세계이다. 내가 '이노센스'를 알게 되면서 성경을 보는 눈이 달라지기 시작하였다. 영적 이해의 열쇠가 풀리는 듯싶었다. 내게 진리의 문이 열리면서 어둡던 세계가 환하게 밝아옴이 느껴졌다. 광명한 선의 세계에 들어서기 시작한 것이다. 이제는 더 이상 어둠으로 되돌아갈 수는 없다. 땅과 헤어지고

물을 만나다

물은 인간에게 꼭 필요한 물질 중의 하나이다. 인간은 물이 없으면 살 수 없으며 씻을 수도 없다. 물은 몸에 붙어 있는 더러운 때를 녹이고 정화시키는 힘이 있다. 또한 물은 연하고 부드러워서 혈액을 온몸 구석구석 운반하기도 한다.

물은 생명과 죽음, 창조와 파괴의 매체이고 무한한 지혜의 상징이다. 만물의 운동이 물을 통해서 이루어지고 대기와 땅도 물에 의해 이루어지기 때문이다.

물은 처마에서 떨어져 바위에 구멍을 뚫기도 하고 강물과 바닷물은 바위를 깎고 깨뜨리며 녹여서 비옥한 땅으로 탈바꿈시키기도 하며 빙하는 지구의 온도를 조절하기도 한다. 그런가 하면 물은 흙속의 자양분을 풀과 잎, 나무와 곡식에 전달하고 열매를 맺도록 도와준다.

나는 물에게 말했다. "나는 마음의 세계에 진리를 얻기 위해 다니고 있습니다. 당신에 대해 알려 주시기를 바랍니다."

물은 "사람들은 우리를 하늘의 구름, 어머니의 젖줄, 소나기, 생명의 피, 산자락의 안개, 파도라고 부르기도 합니다. 우주만물이 우리를 통해서 순환이 이루어집니다."

나는 "물은 온 세상이 깨끗하게 하는 능력이 있음을 압니다."

물은 "흙과 먼지를 뒤집어쓴 사람을 보세요. 더러운 이물질과 먼지를 물로써 닦아내지요? 마찬가지로 좋지 못한 친구를 만나 악한 영향을 받고 앞뒤를 구분하지 못하고 덤벙대다가 더러워진 영혼을 무엇으로 씻어내는지 아시나요?"

나는 "진리입니다."

물은 "물은 거짓과 악으로 오염되었을 때 잘못된 데서 빠져나오도록 도와줍니다. 그러므로 물은 교훈과 진리의 세계입니다. 그래서 내 교훈은 비처럼 내리고 내 말은 이슬처럼 맺히나니 연한 풀 위의 가는 비 같고 채소 위의 단비 같다고 했습니다."(신32:1-2).

나는 "그래서 성경에 몸을 씻지 않으면 성물을 먹지 못한다고 했나요?" (레22:6).

물은 "몸을 씻지 않으면 성물을 먹지 못한다고 한 말씀의 의미는 회개하지 않으면 선해질 수 없음을 의미합니다. 씻는 행위는 마음을 씻는 것을 의미합니다. 주님은 마음에서 나오는 것이 더럽다고 했습니다."

나는 "마음에서 나오는 것은 무엇인가요?"

물은 "마음에서 나오는 것은 악한 생각과 살인과 간음과 음란과 도둑질과 거짓 증언과 비방이니 이런 것들이 사람을 더럽게 하는 것이라고 하셨습니다. 물은 영혼의 세척입니다." (마15:19-20).

나는 "세례요한이 물로써 세례를 준 이유는 영적인 세척을 의미하나요?" (눅3:3-7).

물은 "세례예식에서 물을 사용하는 것은 악으로부터 삶의 정화를 의미합니다. 주님께서 제자들에게 유월절 잔치를 준비할 때 성내로·들어가면 물 한 동이를 가지고 가는 사람을 만나게 된다고 했습니다. 그 의미는 물을 준비하라는 뜻입니다." (눅22:10).

나는 "마음의 세계에서는 당신을 두고 무엇이라고 말하나요?"

물은 "주님께서 내가 주는 물은 그 사람 안에서 영원한 생명으로 솟아나는 샘물이라고 하셨습니다. 여기에서 물은 주님이 주시는 진리를 의미합니다." (요4:10).

나는 "주님께서 목마른 사람은 다 나에게 와서 마시라고 하셨는데 어떻게 주님께 와서 물을 마시나요?"

물은 "주님은 물 마시기를 원한다면 생수의 근원되신 분께 오라고 초대하십니다. 진리의 갈망은 영혼의 목마름과 같습니다."

나는 "목마름은 몸에 물이 필요할 때 요구되는 자연스런 갈증입니다. 그러면 영혼의 갈증은 무엇인가요?"

물은 "영혼의 갈증은 영생을 필요로 하기 때문에 느낍니다. 이 갈증을 해갈하기 위해서는 생명의 물을 받아 마셔야 합니다."

나는 "어떻게 영원한 생수를 선물로 받을 수 있나요?"

물은 "주님을 믿는 사람은 뱃속에서 생수가 강물처럼 흘러나올 것이라고 했어요."

나는 "생수를 받으려면 믿음이 필요한가요?"

물은 "믿음은 주님께 대한 신뢰입니다. 믿음은 확신이라고 할 수 있는데, 주님께 대한 신뢰 상태입니다. 진실된 믿음은 주님을 섬길 뿐 아니라 타인에게도 흘러가게 합니다."

나는 "그렇다면 믿음은 흐르는 샘물과 같군요?"

물은 "네 그렇습니다. 불신은 고여 있는 웅덩이의 물과 같습니다. 고인 물을 손으로 휘저어버리면 어떻게 되겠어요?"

나는 "음, 더러운 찌꺼기들이 올라오겠지요. 그러면 온갖 더러운 쓰레기가 올라와서 냄새나고 불결해지겠지요."

물은 "그런 물은 생수가 될 수 없습니다. 주님의 진리는 살아 있는 물입니다. 메마른 땅에 깊은 구멍을 파서 물을 끌어올려 깨끗한 물이 솟아오르는 장면을 보셨나요? 생수는 그와 같습니다. 마음의 세계에서 생수는 땅속 깊은 곳에서 살아 있는 지혜가 그렇게 뿜어져 나옵니다."

나는 "배에서 생수가 그렇게 나온다는 말인가요?" (요7:38).

물은 "네, 그 의미는 선한 의도를 가진 자가 생각을 통해서 진리가 터져 나온다는 의미입니다."

나는 물 길으러 우물가에 나온 사마리아 여인과 여행으로 피곤해진 주님과 대화하였던 장면을 떠올렸다(요4장). 주님과 사마리아 여자의 대화 속에서 많은 교훈을 얻게 된다. 주님께서 우물가의 여인을 만나신 것은 우연한 사건이 아니고 하늘의 교훈을 얻게 하시려는 주님의 뜻이 들어 있음을 지혜 있는 자들은 금방 알 수 있다. 나는 이어서 물에게 연거푸 질문을 했다.

나는 "주님께서 사마리아 여인을 야곱의 우물에서 만나셨습니다. 성경에는 주님께서 피곤하셨다고 하였어요. 주님께서 왜 피곤하셨지요? 무슨 의미가 있나요?"

물은 "야곱의 우물은 하나님의 말씀을 의미합니다. 먼 길에 지치신 예수께서 우물가에 피곤하여 앉으셨다고 했습니다. 그분께서 목마르고 배고픔과 육체적 피곤을 느끼셨는지 몰라도 더 근본적인 의미가 있는 말입니다."

나는 "피곤만을 말한 것이 아닌가요?"

물은 "이사야서에는 너는 죄를 지어 나의 화를 돋구었고 불의로 나를 지치게 했다(사43:24)고 했으며 너희가 하는 말은 주님을 지치게 하는 구나 하는 표현이 있습니다(말2:17). 주님을 피곤하게 하는 것은 불의와 거짓된 말입니다."

나는 "아! 주님의 피곤은 다른 곳에 있었군요."

물은 "주님의 피곤하심은 인류의 거짓과 불법에서 옵니다."

나는 "가끔 우리도 타인의 악행으로 피곤할 때가 있거든요. 하지만 주님과는 비교할 수도 없겠지요?"

물은 "주님은 인간의 모든 연약을 짊어지셨습니다. 주님은 인간의 인성을 입으셨기 때문에 악과 거짓의 시험을 받으셨습니다."

나는 "야곱의 우물은 주님의 말씀이라고 하셨는데, 주님께서 우물에서 쉬신다는 것은 무엇을 말하지요?"

물은 "아! 진리가 말씀 안에 있음을 표현한 것입니다. 주님은 말씀의 주체이시고 말씀은 그분에 관한 계시이고 그분으로부터 오는 계시입니다."

나는 "그러면 예수와 야곱의 우물은 영원한 말씀이군요. 우리가 살면서 심령이 피곤하고 지칠 때 주님처럼 그 곳에 가서 쉬어야 하겠습니다."

물은 "하하! 맞습니다. 진리는 영혼의 영원한 쉼터입니다."

나는 "여자가 물을 길으러 왔다는 것은 무슨 의미이지요?"

물은 "네, 사마리아 여자는 교회를 의미합니다. 여인이 물을 길으러 온 것은 진리를 구하는 교회를 의미합니다."

나는 "아! 그렇군요. 진리를 구하고자 함은 진리에 대한 애정이 있어야 하겠지요?"

물은 "주님께서 그녀를 보시고 물을 좀 달라고 청하셨습니다. 물 좀 달라고요!"

나는 "주님이 진리 자체이신데, 진리를 구하는 자에게 왜 진리를 달라고 하실까요?"

물은 "주님의 목마름 때문입니다."

나는 "주님께서 목 마르시다고요?"

물은 "주님의 목마름은 그분의 백성을 구하시겠다는 바램입니다. 인류 구원을 위한 그분의 바램은 십자가 위에서 죽어 가실 때 목마르다고 하신 것을 보아 알 수 있습니다. 이 바램은 마실 것을 달라는 영원한 호소입니다."

나는 "어떻게 그분께 마실 것을 드릴 수 있을까요?"

물은 "당신은 선한 마음을 가지고 있군요. 우리가 그분에게 받은 은혜를 감사함으로 되돌릴 때 그분께 드리는 것입니다."

나는 "주님께 헌금을 드리거나 예배를 드리면 그것으로 다하는 줄 알았어요."

물은 "유대인들도 제물을 바치면 다 된다고 생각했습니다. 그러나 참된 예배는 생활 속에서 드려야 합니다. 예배의 삶은 순수한 의도를 가지고 이웃 섬김을 의미합니다. 바울은 너희 몸을 하나님이 기뻐하시는 산 제물로 드리라 이는 너희가 드릴 영적 예배라고 말했습니다. 이웃에게 하는 것은 곧 주님께 드리는 것입니다. 왜냐하면 최고의 이웃은 주님이기 때문입니다."

나는 "생활 속에서 드리는 예배를 말하는군요?"

물은 "네, 형제 중 지극히 작은 자에게 한 것이 바로 주님께 한 것입니다. 그분은 우리 안에서 배고파하시고 목말라 하십니다."

나는 "그런데 우리는 왜 못할까요?"

물은 "하하! 천국을 사모하는 마음은 부모로 부터 상속되지 않기 때문입니다. 인간이 사모하지 않으면 주님으로부터 받을 수 있는 게 아무 것도 없습니다."

나는 주님의 목마름을 생각해 보았다. 인류를 향한 주님의 애타는 목마름은 아마 지금도 여전하시리라 생각한다. 그만큼 인류는 진리를 잃어버렸기 때문이다. 어리석고 세속적인 자가 우물가 여인처럼 진리를 구하러 나온 사람들 앞에 부드러운 억양으로 주절거리는 꼴이라니! 주님은 진리에 메마른 현실을 보시고는 안타까워하신다. 그래서 진리를 요청하시면서 인류를 향해서 하시는 말씀이 "내가 목마르다"고 말씀하신다.

그러나 세속에 목적을 두는 자들의 목마름은 부자가 음부에서 손가락 끝에 물을 찍어 혀를 서늘하게 하고자 하는 타는 목마름이다(눅16:24). 영적으로 말하면 진리를 왜곡하고 뒤틀어 버린 교만한 자의 탐욕적 갈증이다. 주님의 목마름과는 비교조차 할 수 없다. 목마름의 질이 다르다.

주님은 인류를 향한 진리에 대한 갈증이며 부자는 거짓에 물든 탐욕의 갈증이다. 이런 부자 같은 자를 보았는가? 종교적 위치를 선점하고서 욕심을 채우고자 꼬랑지에 불붙은 여우처럼 헐떡거리며 진리의 밀밭을 모두 탐욕으로 태워버리는 무리들 말이다. 나는 물에게 "모세가 이스라엘 백성을 홍해에서 인도하여 내었는데 사흘 동안 걸어서 광야로 들어갔지만 물을 찾지 못했습니다. 그리고 마라에 이르러서 물이 써서 마실 수 없었습니다. 모세가 주님께 부르짖으니 주님께서 그에게 나무 한 그루를 보여 주셨습니다. 그 나뭇가지를 꺾어서 물에 던지니 그 물이 단물로 변했습니다. 그 의미를 알려 주세요." (출15:22-26).

물은 "이스라엘 백성의 광야 길은 시험의 상태를 의미합니다. 광야 삼 일 동안 여행했지만 물을 찾지 못했다는 의미는 진리를 찾지 못하여 완전 실패한 상태입니다. 그들은 광야에서 삼 일 동안 갔는데 물을 발견하지 못했습니다. 이는 진리의 결핍이 아주 극심하고 혹독했다는 뜻입니다."

나는 "마라에 와서 물이 쓴 맛 때문에 마실 수 없었다는 의미는?"

물은 "그들에게는 진리가 별로 달갑지 않았다는 의미입니다. 그것은 시험의 상태이고 진리의 애착이 결핍되었기 때문입니다. 물을 마시는 의미는 진리를 배우는 것입니다." (암4:8).

나는 "마라는 무슨 의미인가요?

물은 "마라는 시험의 품질 상태를 의미합니다. 백성들은 그 물을 마시고 모세에게 불평했습니다. 시험의 쓴 맛으로 인한 슬픔을 의미합니다."

나는 "시험을 당하면 정말로 슬프게 되더라고요. 그러면 무엇을 마셔야 하나요?"

물은 "그 질문은 이스라엘 백성이 했던 질문이었습니다. 우리는 무엇을 마셔야 하느냐? 하면서 모세에게 불평했습니다. 그들은 인내심을 발휘할 수 없었습니다."

나는 "왜 인내심이 없을까요?"

물은 "진리에 대한 애착이 없기 때문입니다. 사람들은 입으로는 진리가 있어야 하는 것처럼 말하지만 막상 진리를 실천할 때가 되면 주저합니다."

나는 "모세는 나무를 물에 던지니 물이 달게 되었습니다."

물은 "나무를 물 안으로 던져서 달게 된 것은 진리로 인해 생명의 즐거움을 얻게 된 것을 의미합니다."

나는 더욱 물에게 진지하게 매달렸다. "예수께서는 사마리아 여자에게 하나님께서 주시는 선물이 무엇인지, 또 너에게 물을 청하는 내가 누구인지 알았더라면 오히려 네가 나에게 청했을 것이다. 그러면 내가 너에게 생명 있는 물을 주었을 것이라고 하셨어요. 무슨 의미이지요?' (요4:10).

물은 "진리를 겸손하게 받아들이고 감사하게 여기면 생명력 있는 진리를 더해 주신다는 의미입니다."

나는 "주님께서 겸손한 자에게 진리를 더해주시나요?'

물은 "그렇습니다. 주님은 겸손한 자를 찾으십니다. 마치 샘솟는 우물에서 물이 쏟아져 나와 오염된 물이 정화되는 것처럼 주님은 겸손하게 진리를 구하는 자에게 능력을 더해 주십니다."

나는 "겸손하게 진리를 구하면 진리와 만나게 되겠네요?'

물은 "그렇습니다. 주님께서 하늘의 생수를 날마다 주십니다. 그래서 성소로부터 흐르는 물이라고 했습니다. 이는 주님으로부터 진리가 흘러서 총명하게 됨을 의미합니다." (겔47:12).

나는 "여자가 선생님, 그 물을 저에게 좀 주십시오. 그러면 다시는 목마르지도 않고 물을 길으러 여기까지 나오지 않아도 되겠습니다! 하고 요청했을 때 주님은 뜬금없이 왜 남편을 불러 오라고 했나요?'

물은 "아! 그 말이 이해가 되지 않을 수도 있겠네요! 결론적으로 말하면 주님께서 인간의 마음에 영적 진리를 갈망하도록 흔드신 다음에 진리를 받아들이는 마음을 점검하신 말씀입니다."

나는 "마음의 품질이요? 무슨 의미인가요?"

물은 "아! 그 말씀은 영적으로 이해해야 합니다. 글자 그대로 이 해하면 앞뒤가 안 맞는 엉뚱한 질문이 되기 때문입니다."

나는 "주님께서 사마리아 여자에게 남편이 없음을 알고 있다는 것을 보여주기 위해서 질문하신 것 아닌가요?"

물은 "그렇지 않습니다. 그래서 영적 의미를 찾아야 합니다."

나는 "네 남편을 불러오라는 의미가 무엇일까요?"

물은 "그것을 알려면 결혼이 무엇인지를 먼저 알아야 합니다. 결 혼은 남자와 여자의 결합을 의미합니다. 영적 의미로 여자는 선 을 의미하고 남자는 진리를 의미합니다. 남자와 여자가 한 몸이 되는 것은 선과 진리의 결합의 상태를 의미합니다. 그러므로 주 님께서 남편을 불러오라는 의미는 결합된 진리의 상태를 보여 달라는 뜻입니다. 그 의미는 교회를 향한 명령이기도 합니다."

나는 "부부는 둘이 아니고 한 몸이라고 했으니 선과 진리가 하나 되어야 하겠군요."

물은 "네, 그렇습니다. 둘이 결합되어 있어야 합니다."

나는 "아! 그러면 남편을 불러오라는 의미는 여자는 선을 상징하니까 진리와 하나 되라는 의미이군요"

물은 "네, 맞습니다. 거듭나지 않은 자연인은 진리가 선과 하나 될 때까지 영적 마음이 열리지 않음을 의미합니다."

나는 "그러면 어떻게 여자가 남편과 하나 될까요?"

물은 "진리를 행함으로 가능합니다. 신성한 하늘의 법칙대로 살아갈 때 가능합니다. 또 다른 이유가 있습니다."

나는 "다른 이유요?"

물은 "여인이 물을 달라고 요청했을 때 주님께서 가서 남편을 불러오라고 하셨습니다. 가라는 말씀은 그분의 가르침에 따라 살라는 명령입니다."

나는 "그런데 그 여자는 남편이 없다고 대답했는데요?"

물은 "잘 보셨습니다. 주님께서 그녀에게 남편이 없다는 것을 이미 알고 계시면서도 남편을 불러오라고 말씀하신 것은 특히 주목할 만한 대목입니다."

나는 "그러면 남편이 없다는 의미는 무엇인가요?"

물은 "남편이 없다는 말은 영적 진리가 없다는 말입니다. 그 말의 의미는 사마리아인들의 상태를 표현한 말입니다. 그들은 진리를 사모했지만 겉치레 수준의 포장용 진리뿐이었습니다. 진리에 대한 애정이 불순했기 때문입니다. 그러므로 그 속에 참된 결혼이 있을 수 없습니다."

나는 "진리에 대한 애정이 불순하다고요?"

물은 "진리에 대한 순수 애정이 필요합니다. 그래야만 진리를 받아들입니다. 진리를 가지고 거룩한 모양으로 포장하거나 남에게 자랑하기 위한 도구로 쓴다면 진리를 수단으로 악용하는 불순한 상태입니다."

나는 "아! 그렇군요. 조심해야 되겠습니다. 진리에 대한 불순한 의도를 가지고 있으면 어떻게 되나요?"

물은 "진리 없이 애정만 갖고 있는 것은 충동에 불과합니다. 목적 없는 충동적인 상태에 불과합니다."

나는 "충동적 애정! 세속에만 관심을 두고 남에게 인정받고자 겉치레를 하다보면 충동적 애정에 빠지게 되더라고요."

물은 "세상에는 남에게 보이기 위한 겉치레를 목적으로 살아가는 자들이 많습니다. 충동적 애정의 짓거리를 하는 어리석은 자들을 살펴보면 모두 마귀들의 속임수에 빠져서 거짓에 능통합니다. 만일 진리 없이 충동에 ,빠지면 어떻게 될까요?"

나는 "극단적 위험에 빠지게 될 것입니다."

물은 "사람에게 있는 애정은 인격의 품질입니다. 누구든지 애정 속에 진리가 없으면 애정은 곧바로 불순물이 섞이고 맙니다. 주변 세상을 살펴보면 그런 자들을 흔히 볼 수 있습니다. 마귀의 궤계에 속아 넘어가서 마귀가 좋아하는 대로 쾌락에 몸을 던져서 애정을 사용하는 자들 말입니다."

나는 "네, 그런 사람들을 보았습니다. 어리석은 가정주부가 전갈의 독침주사를 맞듯이 간통자에게 설득당해서 궤도를 이탈하여 모든 애정을 쏟아놓은 모습을 보았습니다. 자기의 애정을 남편과 자녀들에게 쏟아야 하는데 말입니다. 그녀는 거짓된 자와 결합하여 무질서에 빠지고 말았습니다. 그러면서도 자기 행위에 대해서 갖은 이유와 변명을 늘어놓고 있었습니다. 처녀가 애를 배도 할 말이 있다는 말을 실감합니다."

물은 "남편이 없다는 말은 애정의 상태입니다."

나는 "그러면 어떻게 해야 애정이 제대로 설 수 있나요?"

물은 "한마디로 순수한 진리가 들어와야만 합니다. 사슴이 시냇물을 사모함 같이(시42:1) 순수 진리를 갈망해야 합니다. 만일 순수 진리를 갖게 된다면 최소한 지금보다는 더 나아질 수 있는 계기를 마련한 셈입니다."

나는 "순수 진리가 무엇인가요?"

물은 "순수 진리는 순진무구한 진리를 말합니다. 주님께서 어린 아이같이 되지 않으면 결단코 천국에 들어갈 수 없다고 말씀하셨지요? 어린아이같이 된다는 의미는 순수함을 의미합니다. 금도 순도에 따라 정금이 되는 것과 같은 이치입니다."

나는 "순진무구하다는 의미는 그만큼 선해진다는 의미이군요?"

물은 "그렇습니다. 물도 더러운 물이 있고 생수가 있듯이 사람의 영혼은 순수에 따라 구분됩니다. 진리에 대한 애정이 순수를 기초로 해야 합니다."

나는 "아! 그렇군요. 과연 그럴 수 있을까요? 사마리아 여자는 남편이 없다는 말에 주님께서는 너에게는 남편이 다섯이나 있었고 지금 함께 살고 있는 남자도 사실은 네 남편이 아니니 너는 바른 대로 말했다고 하셨습니다."

물은 "남편 다섯은 진리의 수준을 의미합니다."

나는 "그렇군요. 숫자 다섯은 무엇을 의미하나요?"

물은 "다섯은 상대적으로 불완전한 상태입니다. 다섯은 진리의 낮은 상태를 의미합니다. 결국 진리에 대한 애정이 불순하게 되어 세속적 만족만 있을 뿐입니다.”

나는 “음, 왜 이 여자에게 남편 다섯이 생겼을까요?”

물은 “남편 다섯은 진짜가 아닙니다. 모두 거짓입니다. 이 여자가 세상을 좋아해서 따라간 간통자에 불과합니다. 호세아 선지자는 이런 거짓된 삶을 음란한 마음에 미혹되었다고 했습니다 (호4:12). 간통자들은 이 여자를 매혹시킬만한 달콤한 유혹의 손길을 펼칩니다. 거듭나지 않고 쾌락을 좋아하면 간통자가 유혹의 손짓만 해도 따라가는 것은 너무나 당연한 일입니다. 간통자는 꼬리에 전갈의 침을 가진 메뚜기들인데 이들은 지옥의 구덩이에서 유황연기와 함께 올라왔습니다(계9:10). 이 여자를 전갈이 독침 주사를 놓듯이 마비시켜 놓고는 자기의 거짓 사상을 불어넣습니다. 여자의 애정을 순식간에 다 훼집어 버리고 빼앗아 갑니다. 간통자는 여자의 인생을 책임져 주지 않습니다. 다만 여자의 속된 환상 속에 거짓 추론을 심어놓습니다. 그리고 여자를 이용할 대로 다 이용해 먹고는 이 여자를 버립니다. 그것이 거짓된 간통자를 따라간 여자의 말로입니다.”

나는 “그러면 그 결과는 어떻게 됩니까?”

물은 “음, 여자가 정신을 차리고 볼 때 이미 많이 늦었습니다. 우선 몸이 말을 듣지 않고 죽음을 생각할 정도로 심각한 상태에 처합니다. 전갈의 독이 온 몸에 퍼져서 더 이상 회생할 수 없는 지경에 이르게 되었습니다. 전갈에 물린 자는 진리가 더 이상 들리지 않습니다. 오히려 자녀도 배우자도 부모도 모두 그의 적이 되고 맙니다. 여자는 세속적 교회를 의미하고 간통자는 귀신입니다. 결코 남편 다섯 귀신은 여자를 온전히 내보내지 않습니다. 몸과 영혼을 망가뜨리고 맙니다."

나는 "아직도 자신의 문제를 깨닫지 못한 여자도 있던데요?"

물은 "물론 귀신에게 붙잡혀 있을 때는 온 몸에 독침으로 인해 마비가 되어 자기 잘못을 깨닫지 못합니다. 스스로 자기를 높이기 때문에 자기가 한 짓을 보지 못합니다. 오히려 자신은 아무 잘못이 없다고 말하면서 남의 탓을 하고 다른 사람이 원인 제공을 했기 때문에 자신의 한 짓은 당연한 결과라고 주장합니다."

나는 "남의 탓을 하는군요? 어떻게 그런 말을 입을 담을 수 있지요? 주님의 심판을 어찌 다 감당하려고 그런 말을 하는지 모르겠습니다. 혹시 사마리아 여자처럼 영혼이 밝아져서 대낮에 물을 길으러 온다면 회복이 가능할까요?"

물은 "남편 다섯이 있는 자들이 진정한 진리를 찾을 때까지 가까운 자들이 도와주어야 합니다. 그래야만 우물가에 물을 길으러 옵니다. 오늘날에도 세속에 도취되어 이미 진리의 힘이 미약해진 자들은 남편 다섯이 마음속에 존재하고 있습니다."

나는 "주님께서 그녀의 남편 다섯을 폭로하자 여자는 과연 선생님은 예언자라고 말한 뜻이 무엇이지요?"

물은 "그 여자의 현재 모습과 삶이 죄라는 것을 알아챔은 그녀를 겸손하게 만들었습니다. 그 인식은 진리를 영접하도록 마음에 길을 열어 주었습니다. 그녀는 주님을 예언자라고 지각했습니다. 예언자는 천국 진리를 의미합니다. 고로 자기인식은 진리를 아는 지름길입니다."

나는 "아! 자기의 상태를 인식하는 것이 가장 먼저 되어야할 부분이군요. 자기에게 진리가 없다는 사실이 얼마나 위험한 지를 깨달아야만 하겠네요. 아! 귀중한 것을 배웠습니다."

나는 주님께서 남편을 불러오라는 의미를 더 깊이 생각하게 되었다. 사람은 남자와 여자로 구별된다. 남자와 여자는 서로를 위해 창조되었다.

남자는 이성적이고 여자는 감성적이다. 남자는 이성적으로 추리하여 옳고 그른 것을 분별하는 이해를 가지고 있고 여자는 감성적이어서 좋고 싫은 것을 분명하게 결정한다. 그래서 여자는 남자의 이해를 따르고 남자는 여자의 의지를 따르게 된다. 이렇게 두 사람의 마음이 하나가 되는 것을 결혼이라고 한다. 그러므로 부부는 둘이 아니며 하나이고 한 쌍을 이룬다. 사람이 부부가 된다는 것은 남편의 생각은 아내의 것이 되고 아내의 감정은 남편의 것이 된다. 이렇게 두 사람은 생각과 감정이 하나가 되어 함께 생각하고 결정하기를 원한다. 이것이 하나된 부부 사랑이다.

주님께서 사마리아 여인에게 '가서 남편을 불러오라'는 의미는 이런 부분에서 선과 진리의 측면에서 하나를 이루어야 하기 때문이다. 왜냐하면 천국의 삶이 그러하다. 그런데 남편 다섯을 두었으니 지옥밖에 그를 기다릴 것이 무엇이 있겠는가?

나는 애정의 질서가 망가져서 마음속에 진리 남편을 모시지 못한 자들을 생각했다. 이런 자들은 그럴듯한 자기변명과 포장으로 인생을 살아온 자들인데 세월이 흘러 삶의 썩은 열매가 드러날 때 본인은 왜 이렇게 인생이 꼬이게 되었는가를 탄식한다. 이들은 감각적 자기 방어를 위해 분노와 앙심의 무기를 정신없이 휘둘렀다. 이는 악령의 교묘한 술수이기도 하다.

물과 헤어지고

바다를 만나다

바다는 적도를 중심으로 더운 물과 찬물이 아우러진다. 그러면서 지구를 돌아간다. 바다는 단백질 자원이 풍부하다. 해양생물 자원은 세계 동물성 단백질의 1/6을 차지한다. 해양에는 30만 여종에 달하는 생물군이 분포하며 이들의 재 생산력은 육지보다 5~7배정도 뛰어나다. 0.01g도 안 되는 알이 500kg의 상어가 되는 것을 보면 바다의 힘을 알 수 있다.

바다는 지구의 허파이기도 하다. 흔히 아마존 숲이 지구의 허파라고 불리지만 실제로 산소 생산량을 비교하면 지상 식물이 생산하는 산소의 양은 전체 30퍼센트 정도이다. 나머지는 모두 바다의 해조류와 미생물이 만들어낸다.

나는 바다에게 다가가서 "나는 진리를 얻고자 마음의 세계를 다 닙니다. 당신에 대해 알려 주시기를 바랍니다."

바다는 "주님께서 갈릴리 바닷가에서 고기 잡는 일에 종사하는 사람들을 부르시어 그들로 사람 낚는 어부가 되게 하셨습니다."

나는 "왜 주님은 바닷가 어부들을 부르셨을까요?"

바다는 "마음의 세계에서 물은 지식을 의미합니다. 바다는 물이 한 군데로 집합한 것을 의미합니다. 바다는 많은 물들이 모여 있는데, 이는 자연적 상태의 진리 저장소입니다."

나는 "그러면 어부가 고기를 낚는 것은?"

바다는 "어부는 자연적 진리의 저장 창고에서 영적 진리를 끄집어내는 사람들을 의미합니다. 이들은 자신과 타인에게 깨달음을 주는 사람들입니다. 삶속에서 진리를 발견하는 것이지요."

나는 "마음의 세계에서 바다는 무엇을 의미하나요?"

바다는 "바다는 폭넓은 의미를 지니고 있습니다. 바다는 자연적 진리의 지식을 의미합니다."

나는 "기억의 바다에서 영적 진리를 끌어내기 위해서는 어부가 되어야 하겠군요?"

바다는 "네, 진리를 구하는 자들은 영적 어부 입니다."

나는 "샘물의 근원지에서 물이 흘러 내려와서 시냇물과 바다가 하나를 이루는 것처럼 하나님의 근본적 진리가 인간 세상에 흘러들어 자연적 진리를 이루었군요."

바다는 "바다는 지식의 보고입니다. 에스겔 선지자는 성전 문지방에서 생명 물이 흘러서 바다를 치료하여 많은 물고기가 우글거리는 환상을 보았습니다." (겔47장).

나는 "바다를 치료했다고요?"

바다는 "네, 이 환상은 진리에 의해서 교회가 세워지는 장면을 의미합니다. 에스겔이 본 성전 문지방에서 흐르는 물은 요한계시록에서도 등장하는데 하나님과 어린 양의 보좌로부터 생명수 강이 흐른다고 하였습니다."

나는 가히 넘볼 수 없는 지극히 높은 신성한 천국에서 진리가 세상에 흘러 들어온다는 말을 듣고 참으로 놀라운 주님의 섭리라고 감탄을 하였다. 마치 태양의 본체에서 빛과 뜨거운 열기가 지구상에 전달되는 것과 같은 원리이다.

나는 "그러면 소금 바다는 무엇인가요?" (창14:3).

바다는 "소금 바다는 더럽고 거짓된 상태를 의미합니다."

나는 "더럽고 거짓되다고요?"

바다는 "소금바다는 탐욕으로 인해 깨끗하지 않은 상태를 의미합니다. 롯의 아내는 천사의 말을 어기고 뒤돌아보았는데 소금기둥이 되었다고 했습니다."(창19:26).

나는 "무슨 의미이지요?"

바다는 "선한 마음으로 살다가 탐욕에 젖어 방향을 틀어 세상을 바라봄을 의미합니다. 결국 선이 무너지게 된 상태입니다."

나는 "악의 낭떠러지로 떨어지게 되었군요?"

바다는 "바다는 영적인 지식과 세속적 지식이 한데 아울러진 기억의 상태입니다. 바다에서 일어나는 풍랑은 탐욕으로 기억을 흔들어서 상처를 후벼파서 이웃을 짓밟고 주님의 섭리를 거역하는 상태를 의미합니다."

나는 "민족들이 바다와 파도의 성난 소리로 인하여 혼란한 중에 곤고하리라고 했습니다."(눅21:25).

바다는 "아! 잘못된 변론과 왜곡된 지식으로 인해 논란과 다툼의 풍랑을 의미합니다."

나는 "마음의 세계에서 바다는 삶을 통해 경험된 온갖 원리와 지식이 쌓이고 쌓여서 이루어진 기억의 창고이군요. 그러면 바닷물의 짠 맛은 무엇인가요?"

바다는 "짠 맛은 다양한 지식이 삶속에서 적용된 것입니다."

나는 "바다 속에 있는 다양한 고기는 무엇을 의미하나요?"

바다는 "바다는 고기들이 살아가는 집입니다. 고기는 삶을 통해 진리를 생각나는 깨달음과 감동을 의미합니다."

나는 "바다는 깨달음과 감동이 헤엄치는 곳이군요?"

바다는 "네, 깨달음과 감동은 다른 말로 하면 생명 있는 영적 원리라고 할 수 있습니다."

나는 "제자들이 배를 타고 호수 저편에 있는 가버나움으로 갈 때 거센 바람이 불고 바다 물결은 사나웠다고 했어요."(요6:16-18).

바다는 "시련과 시험의 상태를 의미합니다. 때는 저녁이었습니다. 거센 바람은 바다에서 폭풍을 일으켰습니다."

나는 "거센 바람과 폭풍?"

바다는 "네, 거센 바람과 폭풍은 환난을 의미합니다. 주님의 제자들이 공통적으로 경험하는 부분입니다."

나는 "제자들이 배에 타고 있었지요?"

바다는 "네, 배 한 척은 주님에 관한 지식을 의미합니다."

나는 "왜 환난이 일어나지요?"

바다는 "생각과 느낌과 행동이 바뀌면서 일어납니다."

나는 "상태 변화 때문인가요? 변화와 함께 일어나는 환란을 피할 수는 없나요?"

바다는 "피할 수가 없습니다. 밤낮이 교체되는 것과 같습니다."

나는 "밤낮의 주기는 늘 있지 않나요?"

바다는 "그렇습니다. 변화는 상태를 개선하고 행복을 증진시키기도 합니다. 모든 행동에는 변화가 있습니다."

나는 "변화가 올 때마다 주님께서 도와주시나요?"

바다는 "주님께서 지켜 주실 뿐 아니라 쉼도 주십니다. 사랑하는 자에게 잠을 주신다고 했습니다. 시험을 통해서 더 한층 주님을 닮아가게 됩니다."

나는 "세상에는 어둠도 있지만 여명도 있고, 순풍도 있지만 배를 뒤엎는 큰 바람도 있음을 압니다."

바다는 "광풍은 바다를 뒤흔들어 영혼의 배로 하여금 난파되도록 위협합니다. 시편에 배를 타고 바다로 나간 그들... 돌풍이 일고 물결이 치솟자 하늘 높이 올랐다가, 바다 깊이 빠졌다가... 혼이 나서 넋을 잃었다.... 그들이 그 고통 중에서 울부짖자 주님께서 사경에서 건져 주셨다고 했습니다." (시107:23-28).

나는 "사나운 물결로 다급해 있는 제자들에게 예수께서 물위를 걸어서 배 쪽으로 다가 오셨다고 했습니다."

바다는 "제자들의 수고와 노력은 목숨을 부지하기에도 어렵습니다. 베드로는 물 위를 걸어오시는 주님을 향해 다가갔습니다."

나는 "주님께서 바다 위에서 걸으신 것은 무엇을 의미하나요?"

바다는 "그분이 현존하심을 의미합니다. 또한 베드로가 바다 위를 걷다가 빠지는 모습은 교회가 주님께 대한 믿음이 동요되는 장면입니다. 그러나 주님께서 붙잡아 주셨습니다. 영적인 단계에 올라서지 못한 시험의 상태라고 말할 수 있습니다."

나는 "제자들이 주님을 보고 겁에 질렸고 유령이라고 하기까지 하였는데요?"

바다는 "처음 신성한 현존을 볼 때 자신의 죄를 자각하여 일어나는 두려움입니다. 주님을 공포의 대상으로 간주하는 한 그분을 제대로 모릅니다."

나는 "주님의 성품을 모른다는 건가요?"

바다는 "그러나 주님은 두려워 할 것 없다고 말씀하셨습니다. 제자들은 배 안으로 주님을 모시었습니다. 그리고 어느새 배는 목적지에 닿았습니다."

나는 풍랑이 무엇인가를 생각해 보았다. 풍랑은 교회의 불신, 세속적 탐욕, 구조적인 악, 억눌린 불만으로 일어나는 시험이다. 마음의 풍랑이 일어날 때 어떻게 해야 잠잠하게 될 것인가?

나는 "성경에는 주께서 말을 타시고 바다 곧 큰물의 파도를 밟으셨다고 했는데, 무슨 의미이지요?" (합3:15).

바다는 "지식을 통한 진리의 이해를 의미합니다. 진리의 깨달음으로 거짓된 시험을 이기신다는 의미입니다."

나는 "모세가 홍해 바다를 건널 때 바다가 갈라졌다고 했는데, 무슨 의미인가요?" (출14:16).

바다는 "지옥에서 비롯된 거짓의 제거를 의미합니다."

나는 "요한이 보좌 앞에 수정을 깔아 놓은 듯한 유리 바다를 보았습니다. 유리바다는 무슨 의미이지요?" (계4:6).

바다는 "유리 바다는 진리가 투명한 천국을 의미합니다."

나는 "그러면 불이 섞인 유리 바다는 무엇을 의미하나요?"

바다는 "불이 섞인 유리 바다는 교회를 다니고 예배를 드리고 설교를 듣고 진리를 가지고 있으면서도 세상을 사랑하여 삶속에 진리를 실천하지 않는 상태를 말합니다. 결국 악에 머물러있는 종교인을 의미합니다."

바다와 헤어지고

돌과 바위를 만나다

돌은 강함과 견고함의 특성을 지니고 있다(창49:24). 또한 돌은 완고함과 무감각을 나타내기도 한다(삼하23:3). 보통 돌은 존재, 자아의 친화력, 결집력을 상징하지만 흩어지면 먼지, 모래가 된다. 화산이 폭발할 때 공기는 불타오르는데 불덩어리는 물이 되어 굳어져 돌로 변한다.

나는 돌에게 "나는 마음의 세계를 다니면서 진리를 구하고 있습니다. 당신에 대해 알려 주시기를 바랍니다."

돌은 "우리는 진리의 상태를 의미합니다."

나는 "왜 성경에 성전 건축할 때 제단의 돌은 다듬지 말고 통째의 돌로 건축하라고 한 이유는 무엇인가요?"(신27:5-7, 왕상6:7).

돌은 "주의 전을 지을 때 돌을 사람의 손으로 다듬거나 제단하지 말라고 하신 말씀은 인간의 지식과 학문으로 진리를 꾸며서는 안 된다는 말씀입니다."

나는 "하나님의 성전을 짓는데 인간의 계산으로 해서는 안 된다는 의미이군요? 진리를 따르는 자들을 하나님의 성전이라고 했는데 주님 뜻대로 살라는 말인가요?"

돌은 "그렇습니다. 인간이 주님의 뜻대로 살 때 성전이 되고 거룩한 예배가 됩니다. 바울도 삶이 곧 영적 예배라고 했어요. 삶이 빠진 예배는 진정한 예배가 아닙니다." (롬12:1).

나는 "야곱은 주변에서 돌을 가져다가 베게로 삼았던 돌을 기둥으로 세웠다고 했습니다. 무엇을 의미하지요?" (창28:11).

돌은 "돌은 진리를 의미한다고 했지요? 돌을 기둥으로 세우는 것은 하늘의 신성과 교통하는 것을 의미합니다."

나는 "그렇군요. 성경에 홍해 깊은 물이 바로의 군대를 덮었고 그들이 돌처럼 깊음 속에 가라앉았다고 했습니다. 돌이 가라앉았다는 뜻은 무엇입니까?" (출15:5).

돌은 "돌은 좋은 의미에서 진리이지만 반대로는 거짓을 의미합니다. 거짓은 돌같이 무거워서 낮은 곳을 향해 가라앉습니다."

나는 "거짓이 지옥으로 내려앉음을 말하는군요? 납돌도 그런 뜻이 있나요?" (슥5:7,8).

돌은 "그렇습니다. 납돌은 거짓으로 인해 닫혀 버린 상태를 의미합니다. 납은 다른 금속보다 열이 낮습니다. 납은 가장 낮은 수준의 악을 의미합니다. 그러나 좋은 의미로 가장 낮은 수준의 선을 의미하기도 합니다."

나는 "납돌이 가라앉았다는 의미는 지옥의 낮은 악으로 떨어졌음을 의미하는군요. 그들은 납 같이 깊음을 추구했다는 의미와 같은 뜻이군요." (출15:10).

돌은 "맞습니다. 그러므로 납과 같은 자들은 거짓으로 이해력이 닫혀서 둔하고 무겁게 된 자들입니다."

나는 "거짓으로 이해가 닫혀 버렸다고요? 거짓으로 머리가 둔해진 사람을 보았습니다. 그들은 거짓말을 밥 먹듯이 하였습니다. 화를 내면서까지 자기주장을 내세웠으며 뻔뻔했습니다. 그들은 주님은 자기를 버렸다고 주장하기까지 하였습니다."

돌은 "거짓을 진리라고 주장하면 당해낼 재간이 없습니다."

나는 "내가 보기에 그런 자들은 귀신이 들어앉은 것 같습니다."

돌은 "잘 보셨습니다. 그들 속에 악령이 자리 잡고 있습니다. 귀신들은 원망과 불평을 하며 육신적 쾌락에 빠져 있습니다. 한마디로 대책 없다는 말밖에 할 수 없는 무리들입니다. 그들은 미쳐 있습니다. 그 한도가 넘쳐 그나마 남아 있는 선이 파괴되지 않도록 주님께서 붙잡아 주시니 더 이상 악한 짓을 못할 뿐입니다."

나는 "왜 주님께서 붙잡아 주실까요?"

돌은 "그 이유는 비록 그들이 그런 상태에 있을지라도 주님에게는 쓸모가 있기 때문입니다."

나는 "쓸모가 있다고요? 거짓에 빠져 있는데요?"

돌은 "네, 선한 자들은 악이 무엇이고 또 악의 성향이 어떤 것인지 압니다. 선한 자는 양심의 소리에 귀를 기울입니다. 주님은 사람이 주님에 의해 인도받지 못할 때 어떻게 되는지도 아십니다. 주님은 그들이 변화되기를 기다리고 계십니다."

나는 "모세가 백성이 물이 없어서 내게 돌을 던질 것이라고 말하였는데 무슨 의미이지요?" (출17:4).

돌은 "돌을 던진다는 것은 진리에 대한 폭행을 의미합니다."

나는 "진리를 폭행한다고요?"

돌은 "진리를 변질시키면 폭행이라고 할 수 있습니다."

나는 "이런 구절도 있는데요? 모세가 아말렉과 전쟁할 때 모세의 팔이 피곤하매 아론과 훌이 돌을 가져다가 모세의 아래에 놓아 그 위에 앉게 하였다." (출17:12).

돌은 "아론과 훌이 돌을 가져와서 모세 아래 놓은 것은 최 말단 진리를 의미합니다. 아론과 훌은 질서 안에 있는 진리를 의미합니다. 아말렉은 악을 의미합니다. 돌을 모세 아래 놓고 앉은 것은 진리와 교통을 의미합니다. 아론과 훌이 모세의 손을 잡은 것은 악과 전투하는 진리를 떠받들어줌을 의미합니다."

나는 "악과의 전쟁에서 진리로 승리하는 장면을 의미하는군요."

우리가 이렇게 말하고 있을 때 옆에 있는 큰 바위가 내게 말을 건넸다. "두 분의 대화를 본의 아니게 엿들었습니다. 저도 대화에 참여하기를 원합니다."

나는 듬직하게 생긴 바위에게 인사를 하였다.

나는 "대화에 참여해 주셔서 감사드립니다. 마음의 세계에서 바위는 무엇을 의미하나요?"

바위는 "성경에는 반석이 자기 백성을 낳았다고 했습니다."

나는 "반석이 자기 백성을 낳았다고요? 무슨 의미이지요?"

바위는 "반석은 교회의 기초를 의미합니다(마16:18). 머릿돌이라고 하지요." (엡2:20).

나는 "하지만 유대인들에게도 머릿돌인가요?"

96

바위는 " 유대인들에게 반석은 거친 돌에 불과합니다."

나는 "그렇군요. 진리가 오히려 거추장스러운 자들이 있지요? 거짓을 유지하기 위해서 진리를 버리는 자들 말입니다."

바위는 "네, 반석에는 다양한 이름이 있습니다. 이스라엘의 머릿돌(슥4:7), 이방인에게는 뜨인 돌(단2:34), 불신자에게는 심판의 바위입니다."(마21:44).

나는 "그렇군요. 가끔 누군가를 지칭할 때 바위 같다고 표현합니다. 어떤 사람을 두고 하는 말이지요?'

바위는 "흔히 바위 같은 사람이라고 할 때는 굳건한 신념과 진실한 인품을 가진 사람을 두고 의미합니다."

나는 "인격이 불변한 사람을 의미하는가요?'

바위는 "우리는 흔들림 없이 땅에 고정되어 있습니다. 교회의 기초와 삶의 바탕을 의미합니다. 불변하는 이치에 기초를 두고 살아가는 삶을 의미합니다."

나는 "이치에 따라 살아야 한다는 말이군요."

바위는 "그렇습니다. 이치에 맞게 살아간다는 뜻입니다. 진리에 얼마나 견고하냐에 따라 참과 거짓이 드러납니다."

나는 "아 그 말이 맞습니다. 어떤 자는 자신은 이치에 맞게 말한다고 하지만 분별력 없이 말합니다. 이런 자는 마치 안개가 짙게 깔려 있는 듯이 보입니다. 진리의 확신이 없으면서 그저 생각나는 대로 대책없이 말을 하면서 거짓이 드러나면 아니면 말고 하는 식의 자기 주장을 내세우는 가벼운 자들입니다."

바위는 "그런 자들은 바위와는 정반대의 사람입니다. 우리와는 성격이 전혀 다르지요. 우리는 사실과 기본적 이치에 바탕을 둡니다. 어제의 진실이 오늘의 거짓이 되고 오늘의 믿음이 내일의 불신이 된다면 우리와는 거리가 멉니다."

나는 "바위는 사실과 기본적 이치가 세월이 흐르면서 차곡차곡 쌓여서 단단하게 굳어졌지요?"

바위는 "네, 역사의 물굽이를 거치면서 버릴 것은 버리면서 변화의 과정을 거쳐 진실이 남아 굳어져서 바위가 되었습니다."

나는 "삶에서 진리가 굳어지는 것을 의미하는군요."

바위는 "네, 바위와 돌은 주님의 지혜입니다. 삶의 용광로에서 지식이 정제되어 깨달음이 쌓여서 굳어졌습니다."

나는 "아! 훌륭합니다. 셀 수 없는 수많은 세월을 거쳐 인간에게 주어진 주님의 불변한 지혜이군요?"

바위는 "네, 주님은 영원한 진리이십니다. 그래서 그분을 반석이라고 하고 머릿돌이라고 했습니다. 그는 반석이시니 그가 하신 일이 완전하고 그의 모든 길이 정의롭고 진실하고 거짓이 없으신 하나님이시니 공의로우시고 바르시도다."(신32:4).

나는 바위의 확신 있는 목소리를 들을 때마다 내 가슴이 방망이질 하는 듯 했다. 나는 진리의 깨달음이 수많은 세월을 거쳐 굳어졌다는 말에 저절로 고개가 숙여졌다. 나는 기나긴 세월을 거쳐 얻은 진리에 기대고 싶은 느낌이 들었다.

나는 "그러면 우리가 세속의 욕망으로 요동칠 때 바위에게 가서 진리의 깨달음으로 굳게 함을 배워야 하겠습니다. 우리에게 그 비결을 가르쳐 주시기를 부탁드립니다."

바위는 "아! 중요한 원리를 알려드리지요. 성경에 시인은 내 마음이 약해 질 때에 땅 끝에서부터 주께 부르짖으오니 나보다 높은 바위에 나를 인도하소서라고 울부짖었습니다."(시61:2).

나는 "높은 바위요?'

바위는 "높은 바위는 영원불변의 진리라는 의미입니다. 진리는 흔들림이 없습니다. 그 말은 높은 진리를 향해 나가라는 의미입니다. 저급한 거짓을 멀리하라는 말입니다."

나는 "아! 그렇군요. 저급한 데서 높은 단계를 향해 나가라는 그런 말이군요? 그래서 주님께서 시몬에게 반석이라는 뜻을 가진 베드로라는 이름을 지어 주셨나요?"

바위는 "그렇습니다. 주님은 반석 위에 교회를 세우시겠다고 하셨습니다. 주님께서 교회를 반석 위에 세우시겠다고 하신 뜻은 베드로가 불변하는 진리를 고백하였기 때문입니다. 불변하는 진리는 교회의 터가 됩니다." (마16:15-18).

나는 "그런데 유대인들은 진리를 거부했어요. 오히려 진리 되신 주님을 십자가에 못 박았습니다."

바위는 "그들은 영원하고 불변하는 진리를 버렸습니다. 그 값을 어떻게 받을지 걱정이 됩니다."

나는 "왜 걱정이 되지요?"

바위는 "진리는 열매를 맺습니다. 열매 없는 가지는 잘라내어 불에 던진다고 했습니다."

나는 "열매로 인해 천국이나 지옥으로 가게 되나요?"

바위는 "그렇습니다. 사람이 죽으면 영이 됩니다. 그때 그가 갖고 있는 진리로 인해 선의 열매를 거두면 언제든지 그는 천국으로 안내받습니다. 그러나 반대로 거짓으로 열매 맺지 못하면 그는 언제든지 지옥으로 갑니다."

나는 "무섭군요. 보통 사람들은 진리의 유무가 천국과 지옥을 나눌 만큼 그렇게까지 중요하다는 사실을 외면합니다. 천국과 지옥이 나뉠 정도의 생각까지는 못하고 있습니다."

바위는 "그것은 사람이 죽을 때 알게 됩니다. 왜냐하면 저세상은 진리 아니면 거짓으로 분리가 되는 나라입니다. 그러므로 세상에 있는 동안에 둘 중 하나만 선택해야지요."

나는 "아! 가슴이 떨리는군요. 만일 천국에서 살고자 한다면 어떻게 해야 하나요?"

바위는 "천국은 선한 열매가 있어야 합니다. 고로 만일 사람이 선을 원한다면 반드시 진리를 이해해야 합니다. 그러나 반대로 악을 원하는 자들은 거짓을 고집합니다."

나는 "그렇다면 천국은 거짓이 없겠네요? 진리만 있겠군요."

바위는 "그렇습니다. 천국은 당연히 거짓이 존재하지 않습니다. 그러므로 거짓된 생각은 반드시 제거되어야 합니다."

나는 "어떻게 제거되지요?"

바위는 "진리를 믿고 실천할 때 거짓이 제거됩니다."

나는 "진리는 선을 가져오는군요? 반대는 어떻게 되지요?"

바위는 "악한 의도에 걸 맞는 거짓 사상들로 채워집니다."

나는 "내가 알기로 사람이 죽으면 그 나라에서 매우 자세하게 조사를 받고 천국이든 지옥이든 떠날 준비를 한다고 들었습니다."

바위는 "그렇습니다. 사람이 죽으면 그가 세상에 있었던 동안에 자기를 이끌었던 사랑과 똑같은 사랑을 가진 어느 공동체와 연결이 됩니다. 악을 사랑하던 사람은 지옥에 있는 공동체에 가고 선을 사랑했던 사람은 천국 공동체와 연결됩니다."

나는 "결국 이 세상에서 살았던 사랑의 품질에 따라 가는군요?"

바위는 "그렇습니다. 모든 사람은 세상에 있는 동안에 자기를 가장 많이 이끈 사랑에 의해 영원한 상태에 진입합니다."

나는 "그러면 같은 사랑을 가진 사람끼리만 인식하겠네요?"

바위는 "같은 사랑을 가진 자들은 서로를 알아봅니다. 그 이유가 같은 사랑은 결합하고 다른 사랑은 분리되기 때문입니다."

나는 "주님께서 비유로 하신 말씀 중에 주인이 보낸 종들을 소작인이 돌로 쳤다는 말이 나오는데 무슨 의미이지요?" (마21:33-43).

바위는 "소작인이 주인이 보낸 종을 돌로 쳐 죽였다는 것은 악을 좋아하여 거짓으로 진리를 왜곡시켰다는 것을 의미합니다. 돌은 보통 진리를 의미하지만 나쁜 의미로는 거짓을 의미합니다. 한마디로 하늘의 진리를 거짓으로 둔갑시킨 것을 의미합니다."

나는 "주님의 진리를 만홀히 여긴 자들이군요?"

바위는 "네, 그런 자들을 두고 성경은 이렇게 말합니다. 이 돌 위에 떨어지는 자는 누구든지 부서질 것이다. 그리고 이 돌이 떨어지는 그가 누구든지 그를 갈아서 가루로 만들 것이다."

나는 "무슨 의미이지요?"

바위는 "돌은 신성한 진리를 의미합니다. 돌 위에 떨어져서 부서진다는 것은 진리에 의해 파괴되는 것을 의미합니다. 그분만이 영원한 진리이시기 때문입니다."

나는 "진리를 소홀히 하거나 대적해서는 안 되겠군요? 주님께서 곧 진리이시니까요."

바위는 "주님께서 내 말을 듣고 실천하는 사람은 반석위에 집을 짓는 슬기로운 사람이라고 하셨습니다. 실천이라는 단어는 종교생활에서 가장 중요한 부분을 차지합니다. 행동하느냐? 행동하지 않느냐? 는 질서와 무질서, 구원과 정죄, 생명과 죽음을 결정짓습니다. 실천(doing)은 종교의 목적입니다."

나는 "실천이 목적이라면 이해는 무엇인가요?"

바위는 "실천하기 위해 이해하는 것입니다. 이해는 목적을 위해서 사용되어야 합니다. 듣고 행하지 않는 것은 이해는 하지만 실천하지 않으므로 어리석습니다. 지혜롭다와 어리석다는 말의 차이는 단지 지적인 부분만을 말하는 게 아니라 진리를 실천함을 두고 하는 말입니다."

나는 "아! 그런 깊은 뜻이 있군요. 그러면 진리의 지식이 좀 부족해도 실천한다면 지혜로운 사람이 될 수 있나요?"

바위는 "진리를 실천하고자 하는 의도가 순수하다면 지혜로운 자가 됩니다. 참된 지혜는 지식이 아니라 지식의 올바른 사용입니다. 어리석음은 지식의 부족이 아니라 지식의 악용을 의미합니다. 진리의 지식을 가지고 행함은 지혜의 증거가 됩니다."

나는 "반석위에 집을 짓는다고 했는데 무슨 의미이지요?"

바위는 "반석 위에 집을 세우는 것은 건축을 의미합니다. 건축에는 자연적 건축과 영적 건축이 있습니다. 자연적 건축은 물질로 세우지만 영적 건축은 보이지 않는 영적인 재료를 가지고 시간에 구애되지 않고 세웁니다."

나는 "반석 위에 집을 세운다는 말은 영적인 삶을 말하나요?"

바위는 "반석위에 집을 지음은 반석 되신 주님을 중심으로 살아가는 것입니다. 사실 건축학적으로 말하자면 집이나 빌딩은 모래에 기초하여 짓거든요. 그런데 성경에는 반석에 집을 짓는다고 했어요. 그 이유는 진리의 기초위에 삶을 살라는 말입니다."

나는 "진리에 기초한다는 의미는 베드로의 고백처럼 살라는 의미이지요?"

바위는 "예수를 그리스도로 시인함은 메시아로 인정하는 것입니다. 예수를 창세기의 시작에서 마지막까지 예언의 주제가 되어 왔던 세상에 오신 구세주임을 고백하고, 메시아에 관해 예언된 모든 것을 수용함을 의미합니다."

나는 "궁금한 것이 있습니다. 하나님과 독생자는 같은 분인가요? 다른 분인가요?"

바위는 "설명해 드리겠습니다. 예수께서 이 땅에 오셨지요? 예수께서는 신성한 본질과 인간 본성을 다 갖고 계십니다. 그러므로 그분은 신성으로는 하나님이시면서 인성으로는 인간이십니다."

나는 "하나님의 독생자라는 의미는 무엇인가요?"

바위는 "하나님의 독생자는 신성을 의미합니다."

나는 "아! 알 듯 하면서 모르겠네요."

바위는 "그분의 영혼은 신성이 있으므로 무한하셨습니다. 그러나 몸은 인간이셨고 유한하셨습니다."

나는 "그러면 신성과 인성을 가지신 건가요?"

바위는 "그분은 이 땅에 오셔서 인성이 시험을 이기심으로 점진적으로 영화롭게 되었습니다. 주님께서 부활하셨을 때 그분의 인성은 영화로운 상태가 되셨습니다."

나는 "하나님의 아들은 무엇을 의미하나요?"

바위는 "하나님의 아들은 인성을 의미합니다."

나는 "그렇다면 우리는 그분의 인성이 가신 고난의 그 길을 따라가야 하겠군요."

바위는 "예수께서 인성을 가지시고 고난의 길을 걸어가셨고 시험을 이기시고 죽음에서 부활하여 영화하셨듯이 우리의 인성도 역시 거듭나야 합니다. 그렇게 함으로 그분의 자녀가 됩니다."

나는 "그분이 세상에 오셨을 때는 하나님의 아들로서 인성으로 사시고 부활하셔서는 인성이 신성이 되셨군요."

바위는 "네, 본래 그분은 본래 신성이셨습니다. 히브리서 저자는 이 위대한 진리에 관해 멜기세덱으로 표현했습니다. 그분은 아버지도 없고 어머니도 없고 족보도 없으며 생애의 시작도 끝도 없다."(히7:3).

나는 "아! 그래서 베드로가 고백된 그리스도시요 하나님의 아들이시라는 의미이군요."

바위의 말을 듣고 나는 이 위대한 진리를 알게 된 것은 하나님의 은혜라고 생각했다. 주님께서 육을 입으신 의도를 아는 것은 신비중의 신비이다.

나는 "반석은 비가 내리고 큰물이 밀려오고 폭풍이 들이쳐도 무너지지 않나요?"

바위는 "반석은 시험을 이겨내는 힘이 있기 때문입니다."

나는 "그러면 반석과 같은 믿음을 가져야 하겠군요."

바위는 "하하! 그렇습니다. 비, 홍수, 폭풍의 합동 작전으로 집을 강타하는 광경은 참으로 우리 생명이 시험에 노출되어 위험에 처한 상태를 의미합니다. 시험은 그가 진실한 믿음을 지녔는지 아닌지를 점검해줍니다. 진리 안에 있는 자들은 진실된 믿음을 가지고 있습니다."

나는 "시험은 무엇인가요?"

바위는 "시험은 믿음을 무력화시키는 움직임입니다."

나는 "홍수는 무엇을 의미하나요?"

바위는 "홍수는 거짓 암시입니다. 거짓 암시가 급류처럼 빠르고 강하게 오는 시험입니다."

나는 "폭풍은 무엇이지요?"

바위는 "생각 안으로 흘러드는 시험입니다. 바람이 폭풍일 경우 토네이도같이 우리의 지성을 싹 쓸어버립니다. 폭풍은 앞에 버티고 서있는 모든 것을 뿌리째 뽑아 내동댕이칩니다. 이런 시험은 주님께서 세워놓으신 진리를 허물어 뜨려 천국에 들어가지 못하도록 하는 악령의 수단들입니다."

나는 "반석 같은 믿음이 있다면?"

바위는 "그렇다면 죽음의 문도 감히 그것을 누르지 못한다고 했어요. 예수께서는 지옥을 정복하기 위해 세상에 오셨습니다. 주님께서 기초가 되시면 감히 무너뜨릴 수 없습니다."

나는 "지옥권세는 무엇인가요?"

바위는 "지옥 권세에 대해 말씀드리겠습니다. 악은 어떤 모양이든지 사람의 거짓된 마음에 상주하여 지옥을 만듭니다. 사람이 만일 타락할 경우 지옥의 권세가 일을 합니다. 마음에는 지옥문이 있는데 이 문을 통해 악은 선을 공격합니다."

나는 "지옥 권세는 교회를 엎으려고 시도하겠군요?"

바위는 "그러나 주님은 반석 같은 믿음을 가진 자에게 하늘나라의 열쇠를 주겠다. 네가 무엇이든지 땅에서 매면 하늘에도 매일 것이며 땅에서 풀면 하늘에도 풀릴 것이라고 했습니다." (마16:19).

나는 "그러면 어떻게 해야 하지요?"

바위는 "우리가 시험을 당할 때 악을 이겨야 합니다. 시험을 이기면 지옥문은 닫히고 하늘 문을 여는 열쇠를 사용하게 됩니다. 천국문과 지옥문은 한쪽이 닫히면 다른 쪽이 열리기 때문입니다."

나는 "그렇다면 하늘나라 열쇠는 언제 주시나요?"

바위는 "하늘나라의 열쇠는 지옥문이 닫혀야만 주어집니다. 지옥문을 닫게 하기 위해서는 악과 싸워서 이겨야만 합니다."

나는 "천국 문을 열고자 하면요?"

바위는 "악에 저항해서 이기면 천국 열쇠가 주어집니다. 그 나라 열쇠는 풀기도 하고 매기도 합니다. 풀고 맨다는 표현은 금지하고 허용한다는 히브리 언어의 표현방식입니다."

나는 "매고 푸는 능력은 자유의지가 살아난다는 건가요?"

바위는 "거듭나면 자유의지가 살아납니다. 땅에서 매어서 악한 욕망을 제어하고 땅에서 풀어서 선한 사랑을 살립니다."

나는 "악한 욕망을 제어하고 선한 사랑을 살린다고요?"

바위는 "네, 악과 싸워 이기는 자들만 그런 능력을 가질 수 있습니다. 악을 묶고 선을 자유롭게 해서 천국으로 나아갈 수 있습니다. 세상에서 선과 악을 매거나 풀지 않으면 저 세상에서도 매거나 풀 수도 없습니다."

나는 바위와 대화하면서 신비로운 세계에 이끌리는 듯한 느낌을 받았다. 땅에서 매고 풀 수 있는 능력이 천국열쇠이라는 사실과 그 열쇠를 받는다면 선과 악을 자유롭게 선택할 수 있는 자유의 지가 있다는 사실이다. 나는 가슴이 뭉클해졌다.

나도 그런 열쇠를 갖고 싶었기 때문이다. 오늘 많은 사람들이 우울증, 신경증, 강박증 등 정신 병리에 시달려서 삶을 제대로 살지 못하고 무언가에 묶여서 마치 홍수에 떠밀려 가는 인생을 살아가는 불쌍한 영혼들이 많다. 이들은 환청과 환각 상태에 노출되거나 악한 영에 의해 조종되어 질서 가운데 인생을 살지 못하고 무질서하고 불안정하게 살아간다.

나는 바위에게 새로운 질문을 하였다. "요셉이 바위를 파서 만든 자기의 새 무덤에 주님의 시신을 모셨다고 했는데, 무슨 의미가 있나요?" (마27:60).

바위는 "바위는 진리를 의미합니다. 바위를 파서 만든 새 무덤은 진리를 영접하기 위한 거듭난 마음입니다."

나는 "진리를 영접하기 위해 준비된 마음이 필요하다는 말이군요?"

바위는 "네, 요셉은 주님을 위해 새 무덤뿐만 아니라 깨끗하고 고운 베를 준비했습니다. 고운 베는 순수한 생각을 의미하고 새 무덤은 거듭난 마음을 의미합니다. 그리고 거듭난 마음에 진리를 눕혔습니다. 큰 돌을 굴려 무덤 입구를 막아 놓았습니다."

나는 "큰 돌은 무엇입니까?'

바위는 "선한 진리를 의미합니다."

나는 "아! 큰 돌로 입구를 막은 무덤 속에 주님이 계시는군요."

바위는 "네. 그렇습니다. 요셉은 자기 의무를 다 하고난 후에 거기를 떠났습니다. 그는 주님을 위해 최선을 다했습니다."

나는 "그리고 그 다음에는?'

바위는 "주님의 섭리에 맡길 뿐입니다. 그 다음에는 주님께서 하실 차례입니다."

나는 진리와 비진리가 무서운 결과를 가져온다는 것을 알게 되었다. 산에 있는 진귀한 약초는 알아보는 자에게 주는 선물이다. 그러므로 진리를 따라서 선한 삶의 열매를 맺어 그 나라에 오기를 간절한 마음으로 소원하였다.

독과 바위와 헤어지고

보석을 만나다

보석은 색깔과 광택이 화려하며 경도가 높고 빛을 잘 투과시킨다. 사람들은 보석을 보면 갖고 싶어 하고 몸의 장신구로 사용한다. 보석은 투명도가 있어서 빛을 굴절하고 반사하여 영롱한 빛깔을 낸다. 사실 보석은 돌에 불과하지만 화려한 빛깔은 태양의 광선을 프리즘으로 분해하여 반사한다.

진리를 빛이라고 하는 이유는 인간의 이해를 투과해 가기 때문이다. 진리의 빛은 우리의 이해의 품질 수준에 따라 영적 광채를 드러낸다. 그러므로 믿음은 보석과 같다고 말할 수 있다.

나는 보석에게 말을 건넸다. "나는 마음의 세계를 다니면서 진리를 구하고자 합니다. 당신에 대해 말씀해 주시기를 바랍니다."

보석은 "마음의 세계에서 보석은 주님의 빛을 받아서 남김없이 투사시킵니다. 빛은 주님의 진리를 말합니다."

나는 "아! 보석은 주님의 진리를 더욱 빛나게 하는 군요? 그러면 성경에는 많은 보석이 있는데 모두 의미가 담겨 있나요?"

보석은 "잠언에 지혜를 얻는 것이 은을 얻는 것보다 낫고 그 이익이 정금보다 나음이니라 지혜는 진주보다 귀하니 네가 사모하는 모든 것으로도 이에 비교할 수 없다고 하였습니다." (잠3:13-15).

나는 "지혜를 보석으로 비유하였군요."

보석은 "고대의 현자들은 보석의 상징적인 의미가 지혜와 연관되어 있음을 잘 알고 있었습니다."

나는 "보석의 상징적 의미가 있음을 알았나요?"

보석은 "보석의 광채 속에는 색깔이 들어 있습니다. 흰색도 있고 붉은 계통도 있고 청색도 있습니다. 색깔에는 의미가 있습니다. 붉은 색은 주님의 사랑을 드러내고 흰색은 순수를 푸른색은 믿음을 검정색은 겸손을 의미합니다."

나는 "아! 보석과 색깔의 조화가 궁금합니다."

보석은 "색채는 빛의 투과를 의미합니다. 색채의 기본은 빨강, 파랑, 검정색입니다. 세 가지 색이 배합되고 어우러져서 다양한

색이 드러납니다. 예컨대, 흰색과 검정의 배합은 파랑색을 만듭니다. 짙푸른 하늘색은 검정 공간에 흰색이 착색되었기 때문에 푸른색을 띱니다."

나는 "노랑색은?"

보석은 "노랑색은 흰 바탕에 빨강색이 배합되어 나타난 색입니다. 빨강에 노랑이 합치면 주황색이 되고 빨강에 파랑이 합치면 자주색이 되고 파랑과 노랑이 합치면 초록색이 됩니다."

나는 "빨강과 파랑과 검정의 조화로 색깔이 나타나군요."

보석은 "빛과 색깔의 조화로 신비스럽게 색채가 드러납니다."

나는 "대단하군요. 그렇다면 색의 상징적 의미는 무엇이지요?"

보석은 "빨강색은 불같은 열기로 사랑을 의미합니다. 흰색은 지혜를 의미하고, 노랑색은 들판의 곡식이 익으면 누런색을 띠는 것처럼 선용을 의미합니다. 검정색은 무지를 인식하는 겸손한 색입니다. 또 노랑과 파랑이 혼합된 초록은 총명함을 나타내는 색입니다. 초록색의 풀잎은 총명한 생각을 의미입니다."

나는 "참으로 다양하군요. 그야말로 자연만물은 색의 배합과 조화의 잔치라고 할 수 있군요."

보석은 "반대의 의미도 있습니다. 사랑 없는 빨강은 미움, 지혜

없는 파랑색은 미련, 겸손하지 않은 검정은 죽음의 색입니다."

나는 "우주공간은 어느 색이지요?"

보석은 "검정색입니다. 검정색 배경에 푸른 하늘은 지혜를 말하지만 반대로 벌겋게 타오르다가 새까맣게 변하는 모습은 이웃을 짓밟는 상태를 의미합니다. 결국 무지라고 말할 수 있습니다."

나는 무심코 하늘이 푸르다는 정도로 알고 있었는데, 하늘이 푸른 것은 인생이 지혜로 살아야할 것을 가르쳐 주는 것임을 깨달았다. 푸른 하늘 아래 살아가는 인생이 지혜를 구하지 않으면 어찌 될 것인가? 곡식이 익어 누런색을 띠는 것은 선용이라고 하였으니 선용의 삶이 얼마나 중요한 일인가?

나는 "제사장의 판결 흉패에는 네 줄 보석이 있습니다. 첫 줄은 홍보석 황옥 녹주옥이요 둘째 줄은 석류석 남보석 홍마노요 셋째 줄은 호박 백마노 자수정이요 넷째 줄은 녹보석, 호마노, 벽옥으로 금테에 달렸습니다. 무슨 의미인가요?" (출28:15-21).

보석은 "열두 보석은 이스라엘의 12지파를 의미합니다. 제사장이 잘잘못을 분별하고자 할 때 보석의 반짝임을 통해 주님의 뜻을 인식하였습니다."

나는 "제사장이 보석을 통해 주님의 뜻을 알았군요."

보석은 "네, 흉패에 달린 우림과 둠밈의 다양한 보석 색깔은 천국과 교회의 진리를 의미하기 때문입니다. 제사장은 다양한 색깔에 의해 천국의 음성을 들었습니다. 보석이 반짝거림은 주님의 사랑과 지혜가 드러나는 진리를 의미합니다."

나는 "아! 좀 더 자세하게 알고 싶습니다. 보석 세 개가 한 줄에 매달려 있다고 했습니다. 무슨 의미이지요?"

보석은 "한 줄에 매달림은 하나라는 의미입니다."

나는 "흉패 첫줄에 있는 홍보석(ruby), 황옥(topaz), 녹주옥(carbundle)은 무슨 의미이지요?"

보석은 "선하신 주님 사랑을 의미합니다."

나는 "둘째 줄에 석류석(chrysoprase), 남보석(sapphire), 홍마노(diamond)는?"

보석은 "진리로 드러나신 주님 사랑을 의미합니다."

나는 "셋째 줄에 호박(cyanus), 백마노(agate), 자수정(ametyst)은?"

보석은 "선한 이웃 사랑을 의미합니다."

나는 "넷째줄에 녹주석(tarshish), 호마노(onyx), 벽옥(jasper)은?"

보석은 "진리로 드러난 이웃 사랑을 의미합니다."

나는 "요한계시록에 보면 새 예루살렘 성은 맑은 유리 같은 순금이고 벽옥의 성곽으로 지어졌으며 기초석은 각색 보석으로 꾸몄는데 첫째 기초석은 벽옥이요 둘째는 남보석이요 셋째는 옥수요 넷째는 녹보석이요 다섯째는 홍마노요 여섯째는 홍보석이요 일곱째는 황옥이요 여덟째는 녹옥이요 아홉째는 담황옥이요 열째는 비취옥이요 열한째는 청옥이요 열두째는 자수정이며 그 열두 문은 열두 진주니 각 문마다 한 개의 진주로 되어 있고 성의 길은 맑은 유리 같은 정금이라고 했습니다. 모두 찬란한 보석입니다. 무슨 의미일까요?"(계21:18-20).

보석은 "하늘나라를 물질적인 시각으로 이해하면 안 됩니다. 보석을 좋아하는 어떤 이들은 보석이 탐나서 그 나라에 가고 싶다는 생각이 들겠지요? 그러나 천국은 물질적인 나라가 아닙니다."

나는 "보통 사람들은 천국을 다양한 보석이 빛나는 화려한 나라라는 정도로만 알고 있습니다. 그러나 보석으로 표현한 그 속에는 의미가 들어 있겠네요?"

보석은 "여러 보석들은 종교의 품위들을 상징합니다. 열두 보석은 모든 진리를 의미합니다. 종교는 악을 죄로 여기고 계명에 따라 살아가도록 인도합니다. 하나님 사랑과 이웃 사랑은 온갖 보석이 반짝이듯이 사랑과 지혜가 넘칩니다."

나는 "성은 맑은 유리 같은 순금이고 성벽은 벽옥으로 지어졌다고 했습니다. 무슨 의미인지 가르쳐 주세요."

보석은 "성을 방어하는 성벽이 벽옥으로 되어 있는 이유는 벽옥이 문자적 진리를 의미하기 때문입니다."

나는 "성벽이 문자적 진리를 의미한다고요?"

보석은 "벽은 적들로부터 보호하는 울타리와 같습니다. 문자는 온갖 이단사설로부터 진리를 보호하는 성벽입니다."

나는 "보좌에 앉으신 분이 벽옥과 홍옥 같다는 말은?" (계4:3).

보석은 "겉으로 드러난 주님의 지혜와 사랑을 의미합니다. 흰색은 지혜를 의미하고 붉은 색은 사랑을 의미합니다."

나는 "성은 맑은 순금이라고 했습니다."

보석은 "맑은 금은 순진무구한 선을 의미합니다. 이사야는 놋쇠 대신 금을 들여오라고 말했습니다. 이런 예언은 낮은 품위가 높은 품위들로 대체됨을 의미합니다. 다시 말해서 금은 높은 품위를 나타내는 보석입니다." (사60:17).

나는 "그런데 왜 성을 순금이라고 했나요? 무슨 의미이지요?"

보석은 "순금은 성의 내용을 의미합니다. 그것은 때 묻지 않은 상태를 의미합니다. 참된 교회의 모습을 의미합니다."

나는 "성이 유리같이 맑다고 했습니다."

보석은 "유리는 의미는 순수한 지각을 의미합니다. 주님께서 마음이 청결한 사람은 하나님을 본다고 하셨습니다."

나는 "성벽과 성의 내용은 알겠는데, 성벽의 열 두 기초석에 대해 알고 싶습니다. 기초석을 다양한 보석으로 꾸몄다고 했습니다. 각 보석마다 의미가 있지요?"

보석은 "새 예루살렘 성의 열 두 기초석의 보석은 교회의 기초를 이루는 모든 진리를 의미합니다. 교회의 기초가 무어라고 생각하시나요?"

나는 "교회의 기초라고요? 교회의 기초는 주님의 피 아닌가요?"

보석은 "주님의 피는 진리를 의미합니다. 사람은 주님의 피를 물질로 생각하는 경향이 있습니다. 피는 진리를 의미합니다."

나는 "아! 그러고 보니 주님의 보혈은 물질적인 것보다 영적 의미로 이해해야 하겠군요. 그래서 하늘나라는 마음에 있다고 하셨군요. 기초석에 대해 가르쳐 주시기를 바랍니다."

보석은 "보석을 연구하는 자들은 보석의 색이나 빛을 투과시키는 성질에 따라 나누었습니다. 첫째 벽옥(jasper)은 흰색, 자주색, 빨강색입니다. 둘째는 남보석(sapphire)는 하늘색이며 투과성이 좋습니다. 셋째 옥수(chalcedony)는 흰색. 푸른빛을 띠며 반투과성입니다. 넷째는 녹보석(emerald)는 녹색이며 투과성이 좋습니다. 다섯째 홍마노(sardonyx)는 빨간 줄이 있는 얼룩이며 반투과성입니다. 여섯째 홍보석(ruby)은 적홍색이며 투과성이 있습니다. 일곱째는 황옥(chrysolite)은 엷은 푸른색이며 투과성이 있습니다. 여덟째는 녹옥(beryl)은 창백한 녹색이며 때로 푸른 색깔이 보이기도 하며 반투과성입니다. 아홉째는 담황옥(topaz)은 다황색이며 투과성이 있습니다. 열째는 비취옥(chrysoprasus)은 황녹색이며 투과성이 있습니다. 열한째 청옥(jacinth)은 적황색이며 투과성이 있습니다. 열두째 자수정(amethyst)은 깊은 자주색이며 투과성이 있습니다."

나는 "보석의 다양성마다 영적 의미가 담겨있군요."

보석은 "교회라는 건물은 모퉁이 돌이 예수 그리스도이고 사도들과 예언자들이 그 건물의 기초가 되어 세워졌습니다(엡2:20). 보라, 내가 시온에 주춧돌을 놓는다. 값진 돌을 모퉁이에 놓아 기초를 튼튼히 잡으리니 이 돌을 의지하는 자는 마음 든든하리라. 법이 나의 척도요, 정의가 나의 저울이라고 했습니다."

나는 "베드로는 구약 성경을 인용하면서 보라 내가 택한 보배로운 모퉁이돌을 시온에 두노니 그를 믿는 자는 부끄러움을 당하지 아니하리라고 했습니다."(벧전2:6).

보석은 "교회는 사도들과 예언자들이 알게 한 진리 즉 주님의 진리 위에 건설되어야 합니다."

나는 "벽옥이 첫 번째 기초석인가요?"

보석은 "벽옥이 첫 번째 기초인 것을 설명해 드리겠습니다. 베드로가 주님께 대한 신앙 고백을 했습니다. 이는 교회의 첫째 기초석입니다. 그때 베드로는 주님으로부터 반석이라는 별명을 얻었습니다. 그의 신앙고백은 반석같이 마음 안에 심겨졌습니다."

나는 "주는 그리스도시오 하나님의 아들이라는 고백이지요?"

보석은 "네, 그리고 베드로에게 하늘나라의 열쇠가 주어졌습니다. 그리고 나중에는 주님의 양을 돌보라고 위촉되었습니다. 베드로의 고백은 첫 번째 기초석인 벽옥에 해당됩니다."

나는 "왜 베드로의 고백이 첫 번 째 기초석인가요?"

보석은 "마음 안에서 베드로의 고백과 같은 믿음이 기초가 될 때 진리의 성벽이 세워지기 때문입니다. 진리는 교회의 빛이고 믿음을 통해 마음 안에서 광채를 발합니다."

나는 "벽옥은 어떤 교리를 의미하나요?"

보석은 "벽옥은 주님께서 세상의 구속자요 창조자이며 신성과 인성을 가지신 분이라는 교리를 의미합니다."

나는 "나머지 11개의 보석도 각각 의미가 있겠네요."

보석은 "그렇습니다. 하지만 모두 다 설명할 수는 없습니다."

나는 "그러면 천국 문이 열두 진주로 되어 있다는 구절의 의미는 무엇인가요?"

보석은 "천국 문이 진주로 되었다는 의미는 고통 속에서 깨닫게 된 진리를 통해서 천국에 들어감을 의미합니다. 십자가를 통해 부활에 이르는 원리입니다."

나는 "주님을 제대로 알고 인정해야 하겠군요?"

보석은 "주님께서 내가 문이니 누구든지 나로 말미암아 들어가면 구원을 받고 또는 들어가며 나오며 꼴을 얻으리라고 하셨습니다(요10:9). 천국은 마치 좋은 진주를 구하는 장사와 같으니 값진 진주 하나를 발견하매 가서 자기의 소유를 다 팔아 그 진주를 샀다고 했습니다." (마13:45-46).

나는 "좋은 진주는 무엇을 의미하나요?"

보석은 "좋은 진주는 영원한 생명으로 이끌어주는 고난을 통해 얻은 진리를 의미합니다."

나는 "고난을 통해 얻은 진리가 생명으로 이끈다고요?"

보석은 "진주는 고난 속에서 자란 열매입니다. 고난은 생명으로 이끄는 지름길이 됩니다."

나는 "진주는 무엇을 의미하나요?"

보석은 "네, 영원한 생명을 얻게 하는 지식은 진리중의 진리입니다. 이 지식은 단지 지적 측면만을 의미하는 것은 아닙니다. 우리를 구원하는 지식입니다."

나는 "상인은 자기가 가진 모든 것을 다 팔아 진주를 샀습니다. 무엇을 다 팔라는 말이지요?"

보석은 "다 팔라는 말은 진리에 반대되는 모든 원리를 제거하라는 말입니다. 그러니까 주님 사랑에 반대되는 것은 자아사랑이고 이웃사랑에 반대되는 것은 세상사랑입니다. 이런 자기중심적이고 세속적인 사랑을 제거하는 것입니다."

나는 보석 광채의 아름다움은 진리에서 나옴을 알고 참으로 놀라운 주님의 세계를 찬양했다. 붉은 광채가 빛나는 보석의 상징적인 의미를 알기는 어렵다. 어떻게 보석의 영적의미를 말로 표현할 수가 있겠는가? 단지 반짝거림을 통해서 어렴풋이 진리를 알 뿐이다.

보석과 헤어지고

금을 만나다

금은 노란 색의 아름다운 광택이 나는 귀한 금속이다. 금을 황금이라고도 하는데 고대로부터 권력과 재산의 상징으로 여겨졌다. 고대 그리스인들은 금으로 화폐를 만들어 썼는데 이로 인해 중세에는 연금술이 발달하였다. 연금술은 여러 가지 방법으로 금을 제련하는 인간의 노력이다.

금은 퍼지고 늘어나는 성질이 매우 좋아서 금박은 0.00001cm까지 얇게 만들 수 있고 금 1g으로 3km의 금실을 뽑을 수 있다고 한다.

성경에 나오는 금속들은 각자 그 의미를 담고 있어서 인간 사회에서 적용되는 확고한 원리를 말한다. 그 중에서 가장 고귀한 원리가 있다면 금이다. 금이 녹슬지 않는 것처럼 하늘의 원리는 영원하고 녹슬지 않는다.

나는 금에게 다가가서 대화를 시도했다. "나는 마음의 세계에서 진리를 찾으러 다닙니다. 당신에 대해 말씀해 주시길 바랍니다."

금은 "무엇에 대해 알고 싶으신가요?"

나는 "마음의 세계에서 당신은 무엇을 의미합니까?"

금은 "우리는 주님 사랑의 원리입니다."

나는 "그러면 은은 무슨 원리입니까?"

금은 "은은 이웃사랑의 원리입니다."

나는 금은 주님사랑이요, 은은 이웃사랑의 원리를 뜻함을 알게 되었다. 금과 은은 주님께서 말씀하신 하나님을 사랑하고 이웃을 사랑하는 선지자와 율법의 대강령을 의미한다.

나는 "동방박사가 아기 예수를 만나서 황금을 드렸습니다."

금은 "박사들이 아기를 보았을 때 보물 상자를 열어서 황금을 예물로 드렸습니다. 동방박사는 이방인 박사들입니다. 이방인은 진리를 직접적으로 배우지 못한 사람들을 의미합니다."

나는 "그런데 별의 인도를 받아 진리 되신 분에게 왔군요."

금은 "그들은 별빛을 보고 주님께 왔습니다. 별빛은 태양보다 어둡고 침침하지만 그 먼 길을 헤쳐서 주님을 찾아 왔습니다."

나는 "별빛을 보면서 왕께 왔다는 말은 구세주의 강림의 지식이 있었다는 말이네요. 새로 탄생한 별을 보고 구세주 강림의 지식을 알아차림은 대단한 지혜입니다. 그리고 자발적으로 멀고 험한 여행을 단행하여 아기 왕에게 귀중한 예물까지 드렸고요."

금은 "더우기 그들이 아기 왕을 발견했을 때 화려한 궁전에서 태어난 왕세자가 아니라 비천한 말구유에서 어머니의 팔에 안겨 있는 어린 왕을 발견했습니다. 그러나 그들은 실망하거나 낙심하지 않았고 왕을 의심하지도 않았습니다."

나는 "우리들 같았으면 크게 실망 했을텐데요."

금은 "그들은 그렇지 않았습니다. 그들은 아기 왕에게 경외함으로 다가가서 엎드려서 보석함을 열어 선물을 바쳤습니다."

나는 "아! 엎드려서요? 박사들의 태도에서 배워야 할 게 많군요."

금은 "배울 점이 많습니다. 어떠한 열악한 상황에서도 진정한 헌신이 무엇인지를 우리에게 가르쳐 주고 있습니다."

나는 "앞으로 박사들의 행동을 본받아야 하겠습니다. 박사들처럼 험난하고 어렵더라도 진리의 왕께 경배하기 원합니다. 어떻게 경배를 드리면 좋을까요?"

금은 "주님을 경배함은 주님의 사랑과 지혜를 높이고 겸손하게 구세주께 예물을 바치는 것입니다."

나는 "동방박사는 무엇을 주님께 드렸나요?"

금은 "박사들이 바친 예물은 황금, 유황, 몰약입니다. 영적으로 말하면 사랑, 믿음, 순종을 의미합니다. 이 세 가지는 당시 현자들이 신께 드려야하는 예물입니다."

나는 "아! 그렇군요. 사랑과 믿음과 순종이요. 우리들도 그 예물을 드려야 하겠습니다. 어떻게 해야 되지요?"

금은 "예물은 생활 속에서 드려야 합니다. 주님은 불로 연단한 금을 사서 부요하게 하라고 했습니다."(계3:18).

나는 "불로 연단된 금을 산다고요? 무슨 의미인가요?"

금은 "불로 연단한 금을 사서 부자가 되는 것은 깊은 영적 의미가 있습니다. 금을 연단하기 위해서는 불이 필요합니다. 사람은 불같은 시험을 수단으로 영적으로 순수해집니다. 시련과 여러 가지 시험을 통해 더욱 순수해지고 선해집니다."(말3:2).

솔로몬 시대에는 황금이 풍부했다고 한다. 솔로몬이 마시는 그릇이 다 금이요 은그릇이 없었다고 한다. 그만큼 솔로몬은 선이 풍부했다는 의미가 아닌가?(왕상10:21).

나는 금에게 질문을 했다. "솔로몬 왕이 마시는 그릇은 다 금이요 레바논 나무 궁의 그릇들도 다 정금이라 은 기물이 없다고 했는데, 무슨 의미인가요?" (왕상10:21).

금은 "솔로몬이 마시는 그릇이 모두 정금이라고 말씀한 의미는 금은 선을 상징하기 때문입니다. 솔로몬의 지혜의 근거는 선을 사랑하는 동기에서 주어졌습니다. 그러므로 선을 찾고 받아들이면 솔로몬과 같은 지혜가 넘치게 됩니다."

다른 말로 하면 솔로몬은 자신의 지혜나 지식으로 주님을 섬기지 않았고 사랑으로 섬겼다는 뜻이다. 솔로몬이 주님을 사랑했을 때는 지혜의 왕이었지만 세속에 전락했을 때는 주님 사랑을 상징하던 금 그릇은 우상숭배 제물로 떨어지게 되었다.

나는 "새예루살렘의 성은 정금이고 맑은 유리 같다고 하였고 성의 길은 맑은 유리 같은 정금이라고 했습니다." (계21:21).

금은 "정금은 순수한 선을 의미합니다. 천국 길이 정금이라는 말은 순수하고 선한 자들이 그길로 걸어간다는 의미입니다."

나는 "에스겔은 지혜와 총명으로 재물을 얻었다고 하였습니다. 그 의미는?" (겔28:4).

금은 "지혜와 총명을 가지고 선을 얻었다는 의미입니다. 천국의 재물은 선을 의미합니다."

나는 '도성을 측량하는 금빛 갈대' 라는 말을 생각했다(계21:15).
금빛 갈대는 무엇을 의미하는가? 금빛은 선을 의미하고 갈대는
잣대를 의미한다. 고로 선의 기준을 의미한다. 언젠가 우리들은
저세상에서 금빛 갈대로 판단 받는 날이 올 것이다. 선의 잣대 앞
에 서야 한다. 그 잣대에 기준이 부합한다면 천국에 이르고 기준
에 미달한다면 지옥에 떨어지게 된다.

자신이 보기에 자기는 천사같이 보일지라도 선의 눈금으로 측량
한다면 절대로 변명하거나 피할 길이 없다.

주님께서 법궤를 만들 때 순금으로 덧씌우라고 하셨고(출25:11),
제단의 촛대는 속이 비지 않은 순금으로 만들라고 하셨다. 그리
고 손잡이, 가지, 사발들, 석류들, 그리고 꽃들을 순금으로 만들
라고 명령하셨다(출25:39). 또한 "그녀의 의복은 금을 섞어 짰다"
(시45:13)는 구절도 선으로부터 형성된 실천적 진리를 의미한다.

나는 "주님께서 70명의 제자들을 전도하러 내보내시며 전대에
금이나 은이나 동을 가지지 말라고 하셨는데 무슨 까닭입니까?"

금은 "전대에 금이나 은이나 동을 넣어 가지고 다니지 말라는 의
미는 자신의 것과 주님의 것을 섞지 말라는 의미입니다."

나는 "금과 은과 동은 무엇이지요?"

금은 "금, 은, 동은 주님으로부터 받는 세 종류의 선입니다. 금은 가장 높은 수준인 순수 선이고 은은 진리를 표현하는데 이웃에 대한 선이고 동은 자연적 선을 표현합니다."

나는 "아하! 그런 의미가 있었군요. 우리는 거지같이 전도해야 하는 줄로 알고 있었습니다. 그래서 어느 단체는 훈련 프로그램으로 실제로 거지 전도를 다니기도 합니다. 그러면 전대에 넣는다는 것은 무엇을 의미하지요?"

금은 "세 가지를 지갑에 넣는다는 의미는 선을 자기 소유라고 여기는 것을 말합니다."

나는 "전대는 지갑을 말하지요?"

금은 "마음의 세계에서 지갑은 기억을 의미합니다. 금, 은, 동을 지갑에 넣는다는 말은 사랑과 믿음, 순종의 원리를 기억에 담는 상태를 의미합니다. 그러니까 모든 삶의 원리를 기억에만 의존하여 살고 있다는 의미가 되기도 합니다."

나는 "아! 이제야 제대로 이해하게 되었습니다. 주님의 것을 자기 소유로 여겨서는 안 된다는 그런 말씀이군요. 조심해야 하겠습니다. 여행을 위해 자루나 옷이나 신이나 지팡이도 지니지 말라고 하셨거든요. 무슨 의미이지요?"

금은 "자루는 양식을 담는 보따리입니다. 마음의 세계에서 양식은 영혼을 지탱시켜 주는 선이고 옷은 영혼을 보호하는 진리이며 지팡이는 영혼을 지탱하는 힘을 의미합니다."

나는 "그런데 자루와 옷과 신발은 왜 금지했죠?"

금은 "자루, 옷, 신이나 지팡이는 의지, 이해, 행위를 의미합니다. 이것을 금지하는 이유는 주님이 주시는 선물을 자아와 섞어서는 안 되기 때문입니다. 살다보면 어느 것 하나도 자신의 지혜로 살아갈 수 없고 오직 주님께서 공급하시는 것으로만 살 수 있습니다. 그러므로 주님의 선물을 자기 소유로 여겨서는 안 됩니다."

나는 "아! 큰 교훈을 깨달았습니다. 이런 명령하나 만으로도 내 자신이 주님 앞에 어떤 마음을 가져야 할지를 가르쳐 주시는군요. 사실 문자 그대로 이해한다면 도저히 이해가 불가능했습니다. 그러면 주님이 공급하시는 선물은 무엇인가요?"

금은 "선입니다. 우리가 순수한 의도를 가지고 진리를 실천하면 주님께서 선을 공급하십니다. 주님께서 우리에게 생명을 공급하시는 유일한 통로는 선용입니다."

금과 헤어지고

은을 만나다

금속 중에서 가장 귀한 것이 있다면 금과 은이다. 은은 오래되어도 녹슬지 않고 부드러워서 연장이나 기구를 만들 때 사용된다. 금은 따뜻하고 태양빛깔을 가지고 있어서 '해' 라고 한다면 은은 차고 흰빛을 띠며 '달' 에 비유할 수 있다.

지혜를 얻는 것이 금을 얻는 것보다 낫고 명철을 얻는 것이 은을 얻는 것보다 더욱 낫다고 했다(잠16:16). 성막에서 거룩한 기물과 벽은 금으로 덧입혔고 보통 기물과 벽은 은으로 쌓았다.

나는 은을 만나서 말했다. "나는 마음의 세계에서 진리를 찾으러 다닙니다. 은에 대해 말씀해 주시기를 바랍니다."

은은 "은은 영적으로 말해서 진리를 뜻합니다. 아브람에게는 가축과 은과 금이 풍부하였다고 했습니다." (창13:2).

나는 "무슨 의미이지요?"

은은 "은이 풍부한 것은 진리가 풍부했음을 의미합니다."

나는 "유대인이 베드로에게 당신의 선생께서는 성전세를 내느냐고 물었을 때 주님은 세금을 낼 이유가 없다고 말씀하시면서 그러나 우리가 그들의 비위를 건드릴 것은 없으니 이렇게 하여라. 바다에 가서 낚시를 던져 맨 먼저 낚인 고기의 입을 열어 보아라. 그 속에 한세겔 은전이 들어 있을 터이니 그것을 내 몫으로 갖다 내라고 말씀하셨습니다."

은은 "바다의 고기는 자연적 진리를 의미합니다. 에스겔이 본 새 성전의 환상에서 성전 문턱에서 흘러나온 물이 바다로 흘러가 결국 온갖 고기가 득실거렸다고 했습니다. 영적으로 말하면 죽은 것이나 다름없는 문자에서 영적 의미가 열리면서 생명과 교통하게 됩니다." (겔47:1-9).

나는 "주님께서 바다로 가서 낚시를 던지라고 했는데요?"

은은 "우리가 위급한 상황을 만나면 해결하기 위해 바다로 가야합니다. 바다에 가라는 주님의 명령을 따를 때 주님께서는 필요한 것을 주십니다. 바다에 가서 낚시를 던지라는 주님의 명령을 영적으로 따라가야 합니다."

나는 "바다로 나가라는 의미는?'

은은 "진리의 세계를 찾으라는 뜻입니다."

나는 "맨 먼저 낚은 고기에 바쳐야 할 성전세가 있다는 사실이 놀랍습니다. 정말로 기적같은 현실입니다. 처음 만나는 고기에 성전세가 있다는 의미는?'

은은 "맨 먼저라는 단어는 시간적 우선의 개념이 아니고 상태 개념입니다. 맨 먼저는 가치기준에서 먼저를 의미합니다. 그러니까 가장 우선적으로 생각해야 공급받을 수 있습니다."

나는 "먼저라는 의미는 가장 사랑하는 것을 의미하는군요."

은은 "네, 진리를 얻고자 하면 바다에 가서 낚시를 하고 고기의 입을 열어야 합니다. 고기 입을 연다는 의미는 말씀 속에서 영적 의미를 찾아야 한다는 뜻입니다."

나는 "어떤 여자에게 은전 열 닢이 있었는데 그 중 한 닢을 잃었다면 어떻게 하겠느냐? 그 여자는 등불을 켜고 집 안을 온통 쓸며 그 돈을 찾기까지 샅샅이 다 뒤져볼 것이다. 그러다가 돈을 찾게 되면 자기 친구들과 이웃을 불러 모으고 자, 같이 기뻐해 주십시오. 잃었던 은전을 찾았다고 말할 것이다. 잘 들어두어라. 이와 같이 죄인 하나가 회개하면 하나님의 천사들이 기뻐할 것이라고 했습니다. 설명을 부탁합니다."(눅15:8-10).

은은 "진리를 소홀하게 취급하면 은전을 잃어버린 것과 같으며 잃어버린 은전은 반드시 찾아야 한다는 의미입니다."

나는 "잃어버린 은전이 진리인가요?"

은은 "신성한 진리를 의미합니다. 주님께서 이 땅에 오셔서 하신 일은 사람들에게 각자의 은전을 찾도록 도와주십니다."

나는 "그렇군요. 사람들이 이런 주님의 뜻을 이해하였나요?"

은은 "바리새인과 율법학자들은 세리와 죄인들과 함께 어울리시는 주님을 죄인 취급하였습니다. 주님이 왜 그들과 어울리시는지 이해하기 어려웠습니다."

나는 "자기 위주로 판단하는 자는 절대로 선한 사람의 순수한 동기를 이해 못합니다."

은은 "자신이 악하고 수준 낮은 것은 생각하지 않고 타인을 제 나름으로 판단하면서 오히려 의도의 순수성을 의심합니다."

나는 "주님은 그런 부분에 대해 무어라 말씀하시나요?"

은은 "주님은 잃은 것을 찾아야 하지 않겠느냐고 하십니다."

나는 "그들이 자기가 잃어버린 것을 과연 알까요?"

은은 "네, 그들은 자신이 무엇을 잃어버렸는지 조차 알지 못합니다. 그러나 선한 사람은 악한 자가 의심하더라도 자기가 할 수 있는 대로 힘을 다해 도와주고자 합니다."

나는 "여자가 동전을 잃어버린 것은 무엇을 의미하나요?"

은은 "여자는 진리에 대한 애정을 의미합니다. 은전 열 닢은 매일 생필품을 사는데 사용되는 동전입니다. 이런 동전이 열 개라고 했습니다. 열은 모든 것을 나타냅니다. 은전 열 닢은 실생활에 필요한 모든 진리를 의미합니다. 여인이 은전 열 닢을 소유하고 있었다는 것은 진리에 대한 애정을 가지고 있었다는 말입니다."

나는 "그러면 그 중에 한 닢을 잃음은 무엇을 의미하지요?"

은은 "여인이 은전 한 닢을 잃었다는 것은 가장 중요한 것을 잃어버린 것입니다. 진리의 애정을 잃어버렸다는 의미입니다."

나는 "진리의 애정이 없어졌다고요?"

은은 "주님을 의지해야 한다는 것을 알면서 세상적인 방법만 의지하다가 병이 들거나 사업이 파산 당하는 경우가 있습니다. 이런 재난 속에서 어떤 이는 자신이 무엇을 잃어버렸는지를 곰곰이 생각해 보고 그동안 올바로 살지 못한 것을 깨닫고 회개합니다. 진리가 없는 목마른 기근의 상태임을 알게 됩니다. 이런 사실을 깨닫고 진리를 찾겠노라고 결심하고 등불을 밝히고 눈을 크게 뜨고 잃어버린 진리를 찾습니다."

나는 "어떻게 찾을 수 있을까요? 정신과 의사를 만나야 하나요? 전문 상담자를 찾아가야 하나요? 심리 치료를 받아야 하나요? 약을 먹어야 하나요? 어떻게 하면 좋지요?"

은은 "상담자를 찾는 것도 한 방법입니다. 그러나 만일 그 상담자도 역시 진리를 잃어버렸다면 별 도움이 되지를 못합니다. 더구나 진리의 관점이 아닌 감정이나 기분으로 판단한다면 오히려 더욱 문제를 악화시킵니다. 중요한 것은 본인이 자신의 내면에서 잃어버린 부분을 찾고자 하는 의지가 필요합니다."

나는 "사람들은 자신에게서 문제의 원인을 찾기보다는 오히려 상대방에게 탓을 하고 자신은 억울하다고 하소연 하는데요?"

은은 "등불이 꺼져 있을 때는 자신을 들여다보지 못합니다. 그래서 진리의 등불을 켜야 합니다. 진리의 눈으로 볼 때 먼지와 더러운 오물이 보입니다. 그래서 여자처럼 집안을 부지런하게 쓸어 내고 샅샅이 찾아야 합니다. 진리가 메말라서 정신적인 기근이 들어있는 상태를 알고 진리가 어디에 있는지 찾아야 합니다. 진리가 확실한 해결책을 줄 때까지 계속 바닥을 쓸어 내는 노력을 해야만 합니다.”

나는 “실패의 쓴 맛을 맛본 자들은 우선 자신의 몸이 병듦과 가정과 일이 파산에 이른 것을 알고 이 일을 우선 해결하려고 듭니다. 가정은 깨지고 자녀들은 곁길로 가고 사업은 망하고 몸은 망가지고 죽음의 위기에 봉착합니다. 어떤 여자가 허위로 위장하여 가짜 부모를 돈을 주고 고용하여 세우고 결혼식을 하였습니다. 그러고는 자신은 투자 전문가라고 속이고 남편 주위 사람들을 꼬드겨 돈을 투자하게 만들고는 어마어마하게 빚을 지고 결국 자신은 자살하였습니다. 그녀가 낳은 자식과 남편은 그녀로 인해 절망적 상태에 봉착하였습니다. 나는 진리 없이 삶을 사는 자들이 극악한 행동을 벌이는 것을 보았습니다. 진리를 잃어버린 자의 말로를 봅니다.”

은은 “그렇습니다. 살면서 우리는 진리가 얼마나 중요한지를 체감합니다. 그러므로 집안에서 등불을 켜서 밝혀야 합니다. 집은 의지를 말합니다. 집안의 내부는 매우 어둡습니다. 그러므로 의지 속에 등불을 켜야 합니다.”

나는 “등불은 무엇을 의미하나요?’

은은 “등불은 진리를 드러내는 교리입니다. 등은 사랑이라는 기름을 채우면 진리의 빛을 발하게 됩니다. 주님의 말씀은 내 발에 등불이요, 내 길에 빛이라고 했습니다."

나는 "은전을 찾으려는 노력을 하지 않으면 어떻게 되나요?"

은은 "어두움 속에 머물게 되어 빛을 잃어버립니다."

나는 "그러니까 잃은 은전 한 닢을 찾기 위해 등불 켠 여자는 잃어버린 진리를 찾는 마음을 의미하는군요. 과거 자기중심적인 마음 때문에 잃어버린 진리에 대한 애정을 다시 살리는 거군요. 또 잃어버린 것이 무엇일까요?"

은은 "주님의 섭리에 대한 확신입니다. 섭리는 일상생활 속에서 꾸준히 역사합니다. 섭리적 신앙을 잃어버려서 생활 속에서 용기를 잃거나 불평이 가득찬 경우를 봅니다."

나는 "섭리적 신앙! 어떻게 회복하지요?"

은은 "주님의 섭리의 인도를 받고자 한다면 먼저 주님을 사랑하는 마음을 가져야 합니다. 주님을 사랑하는 자는 그의 계명을 지킨다고 했습니다. 진리의 등불을 켜고 십계명을 보면서 자신을 보아야 합니다. 그러면 회복이 가능합니다."

나는 "네, 여자는 은전을 발견할 때까지 열심히 집안을 쓸어 내면서 찾아 헤맸다고 했습니다."

은은 "집안을 쓸어 낸다는 것은 집안을 질서 있게 하는 것입니다. 진리 등불의 도움을 얻어 정신적인 집안을 쓸어 낸다는 것은 의지를 검증하는 작업입니다. 의지 안에 있는 먼지나 쓰레기를 쓸어내는 것입니다."

나는 "자아 검증인가요?"

은은 "네, 쓸어 낸다는 말은 죄악을 치워 낸다는 의미입니다. 오래 전부터 있던 세상욕심으로 덮인 묵은 때와 감각적 먼지가 진리를 덮어서 거짓된 삶을 살았습니다. 그래서 더러워진 부분을 제거하기 위해 자신을 검증해야만 합니다. 마음의 등불을 켜서 악을 제거하여 새로운 질서로 환원시켜야 합니다."

나는 "그러면 어떻게 되지요?"

은은 "마음에 등불을 켜고 자아 검증을 하다보면 자기 문제가 무엇인지, 자신이 왜 그렇게 분노하고 오만방자했는지, 양심의 가책 없이 죄악을 행했는지, 왜 진리를 왜곡되게 해석했는지 그 이유가 하나하나 밝혀지게 됩니다."

나는 "사람들이 사업이 망했거나 질병이 들었거나 하면 기도원의 굴속에 들어가서 금식기도를 하면서 회개하는 이유를 알 듯합니다. 그리고 나면 어떻게 해야 되지요?"

은은 "여인은 부지런하게, 잃은 은전을 발견할 때까지 열심히 찾았다고 했습니다. 이 부분이 중요합니다. 응답이 없다고 그만 두거나 잠깐 동안 펄펄 끓어오르다가 되돌아가면 아무 소용이 없습니다. 진정 자신의 문제를 발견하기까지 쉬지 말고 끝까지 묵은 때와 먼지를 찾아내야 합니다."

나는 "알겠습니다. 주의하도록 하겠습니다."

은은 "그래서 문제를 찾아내서 회개하고 악을 제거하면 정신적 집안이 깨끗해집니다. 그래서 올바른 질서가 잡히면 친구와 이웃을 불러 모읍니다."

나는 "친구와 이웃은 누구인가요? 왜 그들을 부르지요?"

은은 "친구나 이웃은 선한 자질들입니다. 회개한 이후에는 선한 자질들과 기쁨을 함께 나누는 것입니다. 다시 말해 천국에서 온 천사들과 선한 마음이 서로 마주하고 즐거워합니다. 천사들도 잃었다가 재발견한 원리의 회복에 함께 동참하여 기뻐합니다."

나는 "천사들까지요?"

은은 "마음이 회개의 분위기로 돌아서면 마음의 변화가 일어나고 천사들이 화답합니다."

나는 "천사가 어떻게 화답하나요?"

은은 "우리가 잃어버린 진리를 다시 얻기 위해 결심을 하면 천사들은 우리가 새로운 질서를 얻도록 도와줍니다. 그래서 새로운 삶을 살게 되어 천국과 교통을 합니다."

나는 "반대로 진리를 얻으려는 의지가 없으면?"

은은 "그러면 각자에게 주어진 천국 원리를 잃어버립니다. 결국 악령들에 의해 지옥의 권세가 난무하게 됩니다."

나는 "은을 나쁜 의미로 쓰인 것도 있나요?"

은은 "은으로 자기를 위하여 우상을 부어 만들었다는 구절이 있습니다." (호13:2).

나는 "은으로 우상을 만든다는 것은 무엇을 의미하나요?"

은은 "탐욕을 위해서 진리를 남용하는 것을 말합니다. 그러니까 생명이 없는 문자적 의미를 가지고 이기심을 충족하기 위해 남용하는 것입니다. 자기 나름대로 교리를 만들어서 진리라고 주장하여 숭배하거나 진리를 자기만족을 위해 악하게 사용하거나 거짓을 가르쳐서 말씀의 의미를 허구로 날조하는 자도 우상숭배자입니다. 이런 자는 거짓을 만들어내는 기술공에 의해 거짓을 포장하여 표면적 진리로 꾸몄습니다."

은과 헤어지고

상아를 만나다

상아는 코끼리의 위쪽 앞니로서 내구성이 좋으며 조각하기에 적합하여 귀중하게 여긴다. 아프리카 코끼리의 경우 상아는 평균 2미터에 이른다고 한다. 상아는 쉽게 손상되거나 부서지지 않으며 불에 타지도 않고 물에 담궈 두어도 거의 영향을 받지 않는다.

나는 상아에게 다가가서 "나는 마음의 세계에 다니며 진리를 구하고 있습니다. 당신에 대해 알려 주시기를 바랍니다."

상아는 "우리는 코끼리의 긴 어금니에 해당됩니다. 코끼리는 지상동물 중에서 가장 크고 힘센 동물입니다."

나는 "코끼리는 매우 영특한 동물로 소문이 났어요. 다른 동물의 추종을 불허하리만큼 영리해서 훈련시키면 사람들의 말을 잘 들는다고 알고 있습니다."

상아는 "네, 코끼리는 잘 참다가도 한계에 이르면 사나워지고 달래기가 무척 힘듭니다. 또 기억력이 좋아서 푸대접하는 사람을 잘 알아보기도 하여 심통을 부리기도 합니다."

나는 "마음의 세계에서 상아는 무엇을 의미하지요?"

상아는 "사람이나 사물의 질을 식별하는 지각력을 의미합니다. 정과 사, 선과 악을 관찰하는 원리를 의미합니다."

나는 "지각은 진리의 지식의 눈으로 식별하지요?"

상아는 "어금니는 진리를 판별하는 지식을 의미합니다."

나는 "진리를 판별하는 지식은 일종의 정의감 같은 건가요?"

상아는 "네, 정의감은 위선과 부조리를 파헤치고 의분을 느끼는 마음입니다. 진리의 지식이 있어야 정의를 가려낼 수 있습니다. 코끼리는 어금니를 가지고 힘을 드러냅니다. 어금니로 공격과 방어를 합니다."

나는 "어금니는 상아로 이루어져 있나요?"

상아는 "네, 흰빛의 상아는 정과 사를 판별해서 공의롭지 못한 거짓을 들추어내는 지식을 의미합니다."

나는 "상아는 어떤 이빨이지요?"

상아는 "이빨은 음식물을 잘게 부수고 맛을 알아내는 신체의 일부입니다. 상아 이빨은 지각으로 예민하게 분별합니다."

나는 "그러면 사자의 이빨은 무엇을 의미하나요?" (시57:4).

상아는 "사자의 이빨은 진리를 파괴하는 거짓을 의미합니다."

나는 "왕이 상아로 큰 보좌를 만들고 정금으로 입혔으니 그 보좌에는 여섯 층계가 있고 보좌 뒤에 둥근 머리가 있고 앉는 자리 양쪽에는 팔걸이가 있고 팔걸이 곁에는 사자가 하나씩 서 있다고 했습니다. 그 의미를 가르쳐 주세요." (왕상10:18).

상아는 "마음의 세계에서 왕의 보좌는 진리의 통치를 상징합니다. 보좌의 재료가 상아와 정금이라는 의미는 통치의 질을 의미합니다. 상아는 진리의 원리를 말하고 금은 선의 원리를 의미합니다. 다시 말해서 진리로 인해 드러난 선의 원리를 의미합니다. 즉 거룩한 생활을 의미합니다."

나는 "상아가 진리의 원리라고요?"

상아는 "상아는 흰색이고 섬세하고 감촉이 좋은 물질입니다. 마음의 세계에서 상아는 합리적 진리를 의미합니다."

나는 "그러면 합리적 진리는 무엇인가요?"

상아는 "합리성에 대해 먼저 말씀드리겠습니다. 합리성은 인식의 기능을 의미합니다. 인간은 감각을 통해서 현실적인 삶에 필요한 정보를 얻게 됩니다. 합리성은 이런 정보를 내적으로 판단하는 기능입니다. 만일 외부 정보를 마음속에 있는 진리의 잣대로 판단한다면 합리적 진리라고 부릅니다."

나는 "그러면 속사람으로 판단하는 건가요?"

상아는 "만일 사람이 거듭나면 합리성은 더욱 뛰어나게 되는데, 거듭난 만큼 외부정보를 객관적으로 판단하게 됩니다."

나는 "아! 맞아요. 사람이 거듭난 수준만큼 세상을 보게 되더라고요. 어떤 자는 거듭나면서 죄를 끊어 버리고 선행을 실천하고자 노력하던데요."

상아는 "거듭남에 의해 합리적 진리가 확장되어서 그렇습니다. 합리성이 증폭되면 영적 자유에 이릅니다."

나는 "성경에 바산의 참나무로 노를 만들고, 노 젓는 자리를 상아로 만들었다는 구절이 있습니다." (겔27:6,15).

상아는 "배의 노를 참나무로 제작하고 노 젓는 자리를 상아로 만들었다는 의미는 노는 감각이고 상아는 합리성을 의미합니다. 합리성의 자리에 앉아서 감각을 활용하는 것을 의미합니다."

상아와 헤어지고

진흙을 만나다

진흙은 질척질척하고 찰진 흙으로 물과 흙, 점토, 모래가 혼합된 퇴적물이다. 일반적으로 붉은색을 띄지만 회색을 띄는 경우도 있다. 대개 진흙은 강어귀에 분포하는 경우가 많고 바닷가에 분포하는 지대를 갯벌이라고 한다. 진흙은 주로 벽돌 제작에 쓰여 건축 분야, 도자기나 점토 세공에 쓰인다.

고대에는 건축 기술이 발달하지 않았기 때문에 주변에서 구하기 쉽고 마른 뒤에 모양이 유지되는 진흙으로 건축물과 토기를 만들었다. 최근에는 진흙으로 팩을 하기도 한다. 진흙에는 피부 질환과 주름개선 효과가 좋은 장석, 마그네슘 같은 미네랄이 들어 있어서 일부러 많은 사람들이 찾는다. 밀림이나 사막 등지에는 진흙이 한데 모여 형성된 수렁이 있는데, 한 번 **빠지면** 쉽게 빠져 나오지 못하기 때문에 위험하다고 한다.

나는 진흙에게 인사를 했다. "나는 진리를 찾아 마음의 세계를 여행 중입니다. 당신에 대해 알려 주시기를 바랍니다."

진흙은 "무엇이 알고 싶으신가요?"

나는 "마음의 세계에서 진흙은 무엇을 의미하나요?"

진흙은 "마음은 흙과 같습니다. 주님께서는 인간에게 그분의 선물을 자유롭게 받을 수 있도록 배려해 놓으셨지만 그 선물을 받는 인간의 마음은 다양합니다. 진흙은 자연적 상태의 최말단의 선 혹은 최 말단 악을 뜻합니다."

나는 "주님께서 예레미야에게 토기장이의 집으로 가서 토기장이가 진흙으로 그릇을 만들다가 잘 안되면 다른 그릇을 빚는 모습을 보여 주면서 이스라엘 백성아 진흙이 토기장이의 손 안에 있듯이 너희도 내 손 안에 있다고 말씀하셨습니다."

진흙은 "그것은 주님의 섭리를 보여주신 것입니다. 인간의 악과 거짓은 인간을 향한 하나님의 계획을 훼손합니다. 하지만 실패 뒤에라도 하나님은 인간과 더불어 또 다른 형태로 선한 결과를 창출하신다는 뜻입니다."

나는 "아! 그래요? 그러면 옹기장이는 하나님을 의미하는군요?"

진흙은 "네, 옹기장이가 진흙을 높이 추켜들 때 그분의 마음에는 어떤 이상적인 그릇의 형태를 계획하고 있습니다. 그 이상적인 형태를 위해 진흙을 가지고 일을 하시지만 그 형태가 잘못 되면 다시 새롭게 시작하십니다. 또 다시 실패하면 진흙의 질이 허용되는 한도 내에서 또 다른 형태를 만드십니다."

나는 "주님께서 어떤 목표를 이루시고자 계획하다가 망가질 경우에 또 다른 뜻을 이루신다는 의미이군요."

진흙은 "주님은 신성한 옹기장이십니다. 그분은 언제나 사랑으로 다가오셔서 현실 가능한 한도 내에서 이상적인 모양을 이루어가십니다."

나는 "어느 분이 내게 말하기를 자신의 처지를 보면서 어쩌다가 이렇게 되었는지 모르겠다면서 한탄하는 소리를 들었습니다."

진흙은 "인간은 몰락하기도 합니다. 그러나 주님께서는 이미 몰락한 인간을 끌어올리시기 위해 섭리를 행사해 오셨습니다. 그래서 어떤 처방을 내렸는데 인간 몰락이 왔을 때 또 다른 처방을 그 인간 상황에 맞추어 설비하셨습니다."

나는 "아! 그러면 주님은 인간에 대한 처방이나 계획을 철회하지 않으신다는 말인가요?"

진흙은 "그렇습니다. 인간 스스로 악한 길로 걸어갈 때 사랑이신 하나님은 구세주로서 그들에게 내려 오셨습니다. 인간을 사랑하셔서 측은히 여기시고 구속해 주셨습니다."

나는 "과연 하나님의 생각은 깊고 넓군요. 하나님은 인간에게 최종적으로 무엇을 계획하시고 그렇게까지 하시나요?"

진흙은 "크게 말해서 생명을 주시기 위함입니다. 생명은 인간에게 하나님의 가장 영광스러운 형태입니다. 하나님은 인간에게 생명을 주시기 위해 인간을 창조하셨습니다."

나는 "생명이 그렇게 중요한 것인가요? 그러면 세상에 사는 사람들 중에 생명을 얻은 자는 어떤 특징을 보이나요?"

진흙은 "생명 얻은 자를 보면 그들은 모두 선을 드러냅니다. 마치 꽃들이 자신의 화려한 자태를 드러내듯이 말입니다."

나는 "하늘은 하나님의 영광을 선포하고.. 라는 구절이 갑자기 떠오르는군요."

진흙은 "생명 얻은 자들은 선을 드러냄으로 하나님의 영광이 선포됩니다. 마음속에 천국이 존재하기 때문입니다."

나는 "주님께서 인간에게 생명을 주시기 위해 그릇으로 빚어 가신다는 말이지요?"

진흙은 "모든 인간은 주님의 목적을 위해 빚어지는 그릇입니다. 그리고 주님은 그 목적을 위해 빚어 가십니다. 주님은 이상적인 형태를 목표하시고 이에 걸맞게 인간을 만드십니다."

나는 "그러면 인간은 무엇을 해야 하나요?"

진흙은 "자기 인격을 주님의 뜻에 맞추는 것입니다."

나는 "만일 그렇게 하지 않았을 경우는?"

진흙은 "가장 어리석은 선택입니다. 신과 반대로 걸어가면 인간에게는 가장 처절한 비극만 남게 됩니다. 인간에게는 각자에게 향한 이상적인 하나님의 뜻이 있습니다. 주님은 그 뜻을 위해 사랑과 자비를 베푸십니다. 그런데 인간이 악심을 품고 그것과 반대되게 일을 해 나간다면 자기 안에 창조된 하나님의 형상을 망치게 하는 것입니다. 가장 어리석은 짓이지요."

나는 "옹기장이가 일을 하는 모습은 주님의 섭리를 보여주는 장면인가요?"

진흙은 "네, 옹기장이가 자신이 계획한 모양이 망쳐졌지만 그 진흙을 버리지 않고 또 다른 그릇으로 모양을 만들어 가듯이 인간이 죄로 인해 하나님의 일을 망쳐 놓았음에도 불구하고 주님은 모든 인간과 더불어 사랑으로 다시 시작하십니다."

나는 "그러면 실패했더라도 주저앉을 필요가 없군요."

진흙은 "그렇습니다. 주님은 어떤 인간이 실패했지만 그 사람의 현 상태에서 가능한 그릇을 새롭게 만들고자 하십니다."

나는 "그러면 인간은 무엇을 해야 하나요?'

진흙은 "인간의 노력은 주님과 협동해야 합니다. 그 방법은 질서에 맞도록 최선을 다하는 것뿐입니다. 그리고 자신의 삶을 향한 하나님의 뜻이 무엇일까? 라고 생각하면서 모양을 잡아가는데 모든 힘을 기울여야 합니다."

나는 "주님의 인도하심을 구하는 건가요?'

진흙은 "네, 정확하게 보셨습니다. 살림 잘하는 주부는 어떤 물품이 망가졌어도 이를 버리지 않고 고쳐서 다른 좋은 용도로 사용합니다. 우리가 자신의 처지와 형편이 비록 열악하지만 어떤 선용을 위해 사용될 수 있습니다."

나는 "새로운 모델을 창출하는 건가요?'

진흙은 "우리의 삶이 아무리 망쳐졌더라도 자신의 인격을 재형성해 보겠다는 의지가 있거나 악으로 인격이 굳어져 있지 않다면 새 모델을 다시 만들 수 있습니다."

나는 "그러면 주님의 이상적인 모델이란 어떤 것을 말합니까? 우리가 그것을 어떻게 알 수 있습니까?"

진흙은 "이상적인 형태는 다양합니다. 예컨대, 주님은 모세를 통해 십계명을 주셨습니다. 외적으로 십계명을 지키는 것이 그분이 계획하시는 형태였습니다. 그리고 지난 후에 그리스도께서 삶 속에 오셔서 가르침을 주셨습니다. 하나님은 인간에게 하나님의 형상대로 인격을 형성하기를 원하셨습니다. 이렇게 주님은 인간에게 그 상황에 맞게 이상적인 형태를 섭리하셨습니다."

나는 "그 섭리를 믿음으로 받아들여야지요?"

진흙은 "네, 그런데 인간의 상황이 더 악화되었습니다. 점점 더 몰락한 것입니다. 그때마다 주님은 인격을 재형성시켜 주시기 위해 환경을 만들어가셨습니다."

나는 "주님께서 우리를 더 나은 환경으로 인도하시는데, 우리가 해야 할 일은 무엇인가요?"

진흙은 "주님의 프로그램 각 단계마다 요구되는 것은 주님께 돌아가는 것입니다. 인간 속에 있는 악을 멀리하고 주님의 계명을 준수하는 것입니다. 그 정도는 할 수 있지 않나요?"

나는 "악을 중단하고 계명에 순종하면 주님은 우리를 수준에 걸

맞게 쓸모 있는 그릇으로 형태를 잡아 주시나요?"

진흙은 "뭔가 쓸모 있는 그릇의 결과는 삶과 운명입니다. 중요한 것은 환경이 문제가 아닙니다. 삶의 열매로 인해 어떤 인격이 되느냐의 문제입니다."

나는 "아! 주님은 정말로 인간을 벌하시는 분이 아니군요."

진흙은 "주님은 공사장의 감독이 아닙니다. 그분은 인간의 부족과 실패를 벌하시고자 기회를 노리시는 분은 더욱 아닙니다. 그분은 사랑하시는 아버지이시요, 다시 도전해 보라고 격려하시면서 우리 곁에서 일하시는 분이십니다. 주님의 목적은 인간을 저주하는데 있지 않고 구원하는데 있습니다."

나는 "위대하신 주님의 섭리를 찬양합니다."

진흙은 "잊지 마세요. 주님은 진흙의 질이 허용되는 한도 안에서 일을 하신다는 사실을 말입니다."

나는 "예수께서 길을 가실 때에 날 때부터 시각장애인을 보셨습니다. 그때 내가 세상에 있는 동안에는 세상의 빛이라고 말씀 하시고 땅에 침을 뱉어 진흙을 이겨 그의 눈에 바르시고 실로암 못에 가서 씻으라 하셨습니다. 시각장애인이 가서 씻고 밝은 눈으로 왔다고 했습니다. 무슨 의미인지요?"

154

진흙은 "주님께서 땅에 침을 뱉어서 진흙을 만든 것은 진리가 감각적 이해의 수준까지 다가선 것을 의미합니다. 땅은 거듭나지 않은 자연적 마음을 의미합니다. 진리가 자연적 마음속에 있는 선과 하나 되어 진흙이 되었습니다."

나는 "그러면 눈에 진흙을 바른 것은 무엇을 의미하지요?"

진흙은 "주님께서 이해를 열어주심을 의미합니다."

나는 "그런데 왜 주님께서 굳이 이런 절차를 사용하신 걸까요?"

진흙은 "주님께서 이런 절차를 사용하신 이유는 시각장애인이 특별했기 때문입니다. 이 사람은 어려서부터 진리로 교육받은 적이 없었습니다. 그의 감각적 자질은 발달했지만 합리성은 떨어진 사람이었습니다. 주님은 이런 그의 상태를 보신 것입니다."

나는 "이런 사람을 진리로 들어오게 하는 방법이 있나요?"

진흙은 "주님의 방법이 있습니다. 먼저 진리가 감각적 상태 수준까지 내려간 것입니다."

나는 "아! 마치 하늘 높은 보좌에서 낮고 천한 곳으로 내려간 셈이군요. 그다음에는?"

진흙은 "실로암 연못으로 가서 씻으라고 말씀하셨습니다."

나는 "왜 실로암 연못에 가서 씻어야 하지요?"

진흙은 "실로암은 보냄 받은 자라는 뜻입니다. 시각 장애인은 실로암 연못에 가서 얼굴을 씻고 눈이 밝아져서 돌아왔습니다. 실로암 연못은 문자적 진리를 상징합니다. 연못에서 씻는다는 것은 말씀의 진리로 순수해짐을 의미합니다."

나는 "보냄을 받은 자는 무슨 의미인가요?"

진흙은 "보낸 자와 보냄을 받은 자는 샘과 시냇물처럼 하나입니다. 그래서 연못으로 가라고 명령되었습니다. 실로암으로 간다는 것은 주님의 명령에 순종하며 거룩하게 사는 것입니다."

나는 "그가 실로암에 가서 씻어서 눈이 보게 되었나요?"

진흙은 "그의 눈은 세상의 빛을 보게 되었습니다. 그가 순종함으로 보게 되었습니다."

나는 "왜 가룟유다가 주님을 판 댓가로 받은 돈을 받을 옹기장이의 밭을 사서 나그네의 묘지로 사용하였나요?" (마27:7-8).

진흙은 "옹기장이는 진흙으로 그릇을 빚어냅니다. 옹기장이의 일은 거듭남의 일을 의미합니다. 옹기장이의 밭이란 거듭나기를 원하고 그럴 능력을 가진 이방인 교회를 의미합니다."

진흙과 헤어지고

흙을 만나다

흙은 암석이나 동식물의 유해가 오랜 기간 침식과 풍화를 거쳐
생성된 땅을 말한다. 흙에는 모래같이 알갱이가 큰 것도 있지만
알갱이가 눈에 보이지 않는 것도 있다.

내가 이런 생각을 하고 있을 즈음에 지나가던 분이 내 생각을 알
고는 말을 걸었다. "무엇이 알고 싶으신가요?"

나는 그에게 말했다. "나는 진리를 얻기 위해 마음의 세계를 다
니고 있습니다. 흙에 대해 알려주시기를 바랍니다."

그는 "성경에 하나님께서 흙으로 사람을 빚으셨다고 했는데 흙
은 먼지를 뜻합니다."

나는 "왜 사람을 먼지로 만들었다고 했을까요?"

그는 "먼지는 모래보다 작은 고체 물질입니다. 그런 알갱이가 공중에 날아다닐 때 분진이라고도 부르기도 합니다. 또한 바람에 의해 운반되기 때문에 지표면에 퇴적합니다. 먼지는 공장이나 가정에서 발생하여 생기기도 하고 사막에서 바람이 날리거나 화산이 터져 공중에 퍼지기도 합니다."

나는 "먼지에는 나쁜 뜻만 있나요?"

그는 "먼지는 비를 내리게 하는 요인이 되기도 합니다. 그래서 비구름 위에서 먼지를 뿌려서 인공적으로 비를 내리게 하기도 합니다."

나는 "그만큼 사람이 작고 보잘 것 없음을 의미하는 건가요?"

그는 "네, 흙은 아주 낮은 상태를 말합니다. 흙에는 두 가지 의미가 있는데, 좋은 뜻으로 쓰일 때는 선을 의미하기도 하지만 나쁜 의미로는 악을 의미합니다."

나는 "어떤 경우에 악을 의미하나요?"

그는 "하나님이 뱀에게 가축과 들짐승보다 더욱 저주 받아 배로 다니고 살아 있는 동안 흙을 먹는다고 했습니다. 뱀은 감각적 상태를 의미합니다. 살아있는 동안 흙을 먹는다는 의미는 주님의 진리를 버리고 감각 위주로 살아가는 인간은 악의 상태에 젖어 있을 수밖에 없다는 의미입니다."

나는 "그래서 뱀처럼 먼지를 핥는다고 했나요?" (미7:17).

그는 "네, 그것은 감각적인 인간의 모습을 말합니다. 한마디로 저주받은 상태를 의미합니다. 왜 그런지 설명을 해드리겠습니다. 인간의 마음에는 하늘과 땅이 있습니다. 그래서 인간은 땅에서 하늘의 높은 세계를 향해 나아가야 하는 것입니다. 짐승의 본성은 땅에만 있습니다. 짐승들은 본능에 충실하게 땅만을 쳐다보고 살아갑니다. 뱀이 되어 배로 다닌다는 것은 더 높은 하늘을 바라보지 않고 땅만 바라보고 감각적으로 살아가는 인간의 죄악된 모습을 말합니다."

나는 "하나님이 사람을 만들 때 흙으로 만들고 코에 생기를 불어넣어서 생령이 되었다는 의미도 같은 맥락인가요?"

그는 "그렇습니다. 흙으로 사람을 만들었다는 것은 먼지로 만들었다는 의미인데, 그것은 가장 외적인 모습이고 생기를 불어넣은 것은 내적인 상태를 의미합니다. 그러니까 마음의 외적인 면과 내면적인 부분이 조화를 이루어 진정한 살아있는 사람이 된 것을 의미합니다."

나는 "그런데 인간이 껍데기 같은 외적인 부분에만 심취되어 있는 것이군요?"

그는 "네, 그래서 먼지를 먹는다는 것은 악을 가지고 살아간다는 것을 의미합니다."

나는 "그러면 먼지를 쓸어내야 하겠군요?"

그는 "그렇습니다. 진리를 명확하게 보려면 마음속의 먼지 같은 불순물을 털어내야만 합니다. 먼지가 덮이면 하나님의 세계를 제대로 볼 수가 없고 주님의 섭리를 신뢰하지 못합니다. 그러므로 우리는 마음속에 등불을 켜서 구석구석 먼지를 쓸어 내면서 잃은 진리를 회복해야 합니다. 감각적 도취라는 먼지를 털어 내어서 영적 세계를 향해 자신을 들어 올려야 합니다."

나는 "그러면 먼지는 저주받은 상태를 의미하나요?"

그는 "네, 너는 흙이니 흙으로 되돌아 갈 것이라고 했습니다(창 3:19). 이 말은 인간이 껍데기와 같은 감각에 도취되어 진리의 깊은 세계에 들어가지 못하는 타락한 상태를 말씀한 것입니다. 한마디로 저주와 지옥에 빠져버린 상태를 말합니다. 시편에는 우리 영혼이 진토 속에 파묻힌다는 구절이 있는데, 여기서도 지옥과 저주를 의미합니다." (시44:25).

나는 "그래서 회개할 때 머리 위에 먼지를 쓴다고 했나요?"

그는 "그렇습니다. 그 의미는 선을 잃어버려서 통곡하고 있는 모습을 말합니다. 자기머리 위에 먼지를 놓는 것은 파멸과 저주로 인한 마음의 슬픔과 애통함을 의미합니다." (계18:19)

나는 "땅의 티끌이 애굽 온 땅의 사람과 짐승에게 붙어서 악성 종기가 생긴다고 했습니다."

그는 "종기는 피가 고름이 되어 독기를 퍼트리는 것을 말하는데 악의 덩어리를 의미합니다. 그러니까 거듭나지 못한 인간이 거짓으로 인해 악이 부풀러 올라서 지옥에 떨어짐을 의미합니다."

나는 "흙이 좋은 의미로 쓰여진 경우는 어떤 경우이지요?"

그는 "하나님이 아브라함에게 네 자손이 땅의 티끌 같게 하겠다고 약속하셨습니다. 이 말씀의 의미는 번창하게 해주시겠다고 하신 약속입니다. 또한 네 자손이 땅의 먼지 같이 되어 네가 서쪽과 동쪽과 북쪽과 남쪽으로 퍼져 나갈지며 땅의 모든 족속이 너와 네 자손으로 말미암아 복을 받으리라고 했습니다." (창28:14).

나는 "무슨 의미이지요?"

그는 "땅의 먼지는 선을 의미합니다. 그 이유는 땅은 주님의 나라를 말하기 때문입니다. 주님의 나라에 있는 것은 선이기 때문입니다. 그러므로 네 자손이 땅의 먼지같이 있을 것이라는 말은 자연적 진리는 선과 같이 있으리라는 것입니다"

나는 "하늘의 별처럼 많다는 의미는요?"

그는 "선의 열매 맺음과 진리의 번창함이 하늘의 별 같이 그리고 땅의 먼지 같다고 표현했습니다. 하늘의 별은 진리의 지식을 말하고 땅의 먼지는 자연적인 상태를 의미합니다."

나는 "주님은 먼지 속에 살아가는 인간의 상태를 이시나요?"

그는 "땅의 먼지가 얼마 만큼인지를 파악하신다고 했습니다. 인간의 낮은 상태를 정확하게 아십니다." (사40:12).

나는 "주님께서 제자들에게 너희를 영접하지 않거든 발에 묻은 먼지를 털어 버리라고 했습니다." (마10:15).

그는 "발에서 먼지를 턴다는 것은 먼지가 발에 들러붙는 것을 예방하여 먼지로 인해 발이 더럽혀지지 않게 하라는 말입니다. 먼지는 가장 저급한 뱀의 양식입니다. 인간 안에 있는 감각적 원리들은 세속적입니다. 그러므로 영적으로 대치되는 세속적 원리가 고착되지 않도록 즉각 털어 내라는 의미입니다."

시편에 적들이 먼지를 핥을 것이라는 구절이 있다(시72:9). 천국의 양식을 버리고 먼지로 끼니를 해결하는 자들이다.

흙과 헤어지고

유황을 만나다

유황은 불에 잘 타는 노란색 광물질이다. 유황은 팔레스타인의
사해 근처에 풍부하게 매장되어 있다. 유황이 불에 탈 때 불꽃은
매우 뜨겁고 그 연기는 숨 막힐 정도로 매캐하고 독한 냄새가 난
다. 성경에서 유황은 주로 불과 함께 언급되는데, 심판을 말할 때
비유적으로 사용되었다. 내가 유황을 보고 있을 즈음에 누군가
내 옆에 있음이 느껴졌다. 그는 내게 아는 척을 하면서 말했다.
"무엇을 생각하십니까?"

나는 그에게 말했다. "나는 진리를 구하러 다닙니다. 유황에 대
해 알고 있으시면 말씀해 주시기를 바랍니다."

그러자 그는 "무엇이 알고 싶으신가요?" 하였다.

나는 "계시록에 요한이 환상을 보았습니다. 마병이 등장하고 말 위에 탄자들이 불빛, 자주빛, 유황빛 가슴방패를 입고 있고 입에서는 불과 연기와 유황이 나왔다고 했습니다. 무슨 의미일까요?"

그는 "아! 요한이 본 환상입니다. 말과 말위에 탄자는 거짓된 추론을 의미합니다. 추론은 공상을 상징화한 것입니다. 인간들은 추론을 통해서 환상적 세계를 진리인 것처럼 조장합니다."

나는 "그러면 추론은 실재가 아니고 허상이군요."

그는 "그렇습니다. 환상을 이론화하여 진리라고 결론을 내린 것에 불과합니다. 진리가 없으면 추론이 왕 노릇합니다."

나는 "진리가 없으면 추론이 기승을 부리는군요."

그는 "한때 천동설을 믿었던 시절이 있었습니다. 아침에 해가 뜨고 저녁에 해가 지는 것을 보니 사람들은 해가 지구를 도는 것처럼 생각했습니다. 겉으로 보기에 그렇게 보였던 것입니다. 그래서 천동설을 뒷받침하는 이론이 많았습니다. 그러나 진짜 원리는 그게 아니었습니다. 그동안 사람들은 오류를 믿고 있었던 것입니다."

나는 "당시 사람들이 오류에 속고 있었군요."

그는 "네, 거짓이 진리로 둔갑된 것입니다. 이렇게 거짓을 입증

하고자 하는 시도는 영적인 면에도 똑같이 적용됩니다."

나는 "어떻게 적용이 되지요?"

그는 "예컨대, 어떤 학자가 성경 말씀을 보면서 자신이 그간 알고 있는 신학이나 교리를 주장하기 위해 논문을 쓰거나 가르치고자 시도합니다. 그러나 정작 빛 가운데 진리가 드러날 때 그는 오히려 진리를 배격합니다. 오히려 적개심을 가지고 진리를 대적합니다. 자신의 추론을 더욱 증명해 보이려는 시도를 하지요."

나는 "진리를 깨달으면 기존 자기가 잘못 믿어온 사실에 대해 반성하고 깨달음을 가져야 하지 않나요?"

그는 "그렇지요. 잘 보셨습니다. 그런데 그렇지 못한 사람들이 있습니다. 오히려 자신의 잘못을 시인하지 않고 옛것을 고수하려는 시도를 합니다."

나는 "왜 그렇지요? 체면 때문인가요? 그간 자기 이론을 주장했던 사실이 아까운가요?"

그는 "그렇게 추론을 주장하는 이유는 이미 거짓된 원리에 빠져 버렸기 때문입니다."

나는 "자신이 만든 거짓된 허상과 이론에 빠져 버렸군요."

그는 "네, 사람들은 눈에 보이거나 귀에 들리는 정도의 감각적

범주에 믿음을 둘 경우 어느 정도까지는 이성적으로 논증을 합니다. 그 속에 감추인 신비를 꿰뚫어 보는 지각이 있는 사람은 더 높은 세계를 보고 확증합니다."

나는 "겉으로 드러난 것이 전부가 아니라는 말씀이지요? 눈에 보이는 것이 전부가 아니라는 그런 말이지요?"

그는 "그렇습니다. 자연의 세계는 영의 세계를 담고 있는 그릇에 불과합니다. 영적 세계는 시각, 청각, 촉각보다 더 높고 깊습니다. 왜냐하면 영의 세계에서 자연계로 생명이 들어왔기 때문입니다. 보이지 않는 데서 보이는 것이 만들어졌습니다. 영은 생명입니다. 고로 영이 없으면 자연은 아무 것도 아닙니다."

나는 "생명은 무엇인가요?"

그는 "생명은 사랑입니다. 사랑이 생기를 불어넣고 지혜가 방향을 가늠합니다. 태양에서 뜨거운 열기를 자연에 보내 자연만물이 살아 움직이듯이 사람이 살아가는 원동력은 사랑입니다."

나는 "아! 그런데 사람들은 결과만을 보고 살아갑니다. 그러면 진리에 대해 무식한 자들에게는 희망이 없나요?"

그는 "그렇지 않습니다. 말씀을 순박하게 믿는 사람은 다릅니다. 예컨대, 어떤 순박한 사람이 하나님은 성내시고 질투하시고 죄인을 벌하시는 분으로만 믿습니다. 이럴 경우 그는 하나님을 사랑하는 것보다 두려워하는 마음이 더욱 강합니다. 그래서 매사에 두려운 마음으로 절제하면서 살아갑니다. 잘못된 교리이지만 순박한 자에게는 유익을 줍니다. 그러나 순수하지 못한 자는 하나님께서 자신을 선택했고 모든 죄를 다 용서했기 때문에 자신은 무슨 죄를 지어도 좋다는 식으로 말을 합니다."

나는 "아! 어떤 사람들은 그렇게 말을 하던데요?"

그는 "사람들은 하나님 앞에 서있는 자신을 보려고 하지 않고 대충 마음에 맞는 이론이나 교리를 들으면 그것을 붙잡습니다. 그 이론이 옳다고 여기고 끝까지 고집합니다. 잘못된 교리이지만 너무나 좋아합니다."

나는 "그런 것 같습니다."

그는 "주님은 주여! 주여 하는 자가 천국에 들어가는 것이 아니라 누구든지 말씀을 듣고 행하는 자라야 천국에 들어간다고 했고, 야고보는 행함 없는 믿음은 죽었다고 했는데, 자신이 어떤 믿음을 가지고 있는 지를 생각하지 않습니다. 오히려 죽은 믿음으로도 구원에 이를 수 있다는 말에 현혹됩니다. 얼마나 간편하게 생각하는지 모릅니다. 그런 논리로 구원 얻을 수 있다는 궤변을 늘어놓는 자를 좋아합니다."

나는 "구원은 하나님의 선물이지 않나요?"

그는 "당연히 하나님의 선물입니다. 너희가 그 은혜로 인하여 믿음으로 말미암아 구원을 얻었나니 이는 너희에게서 난 것이 아니라 하나님의 선물이라고 하는 구절이 있습니다. 문제는 이런 구절을 역이용해서 하나님이 주셔야 한다는 말만 합니다. 아직도 하나님이 안주셨다는 것입니다."

나는 "그런 말을 자주 듣습니다. 하나님이 주셔야 한다고요."

그는 "하나님이 주셔야 한다는 말속에는 자신에게는 하나님이 안주셨다는 의미를 내포합니다. 태양은 날마다 떠오릅니다. 그래야만 만물이 생명을 얻습니다. 그런데 인간들은 하나님에게 책임 전가를 합니다. 이미 모든 것을 다 주셨는데도 말입니다. 자기가 받을 의도가 없고 믿음 없음을 생각하지 못합니다."

나는 "하나님의 선물이라서 인간은 아무 일도 하지 않아도 된다는 의미가 아닌가요?"

그는 "바로 그것이 추론에 근거한 이론입니다. 하나님의 선물이라는 말은 그릇 자체를 뒤바꾸는 것이 아닙니다. 하나님께서 인간에게 자유의지를 주셨기 때문에 선한 의도를 가진 자에게 주신다는 의미입니다."

나는 "그러면 그릇 자체에 문제를 가진 악한 자들은 선물을 받을 수 없다는 그런 말인가요?"

그는 "주님은 의지를 강제로 하지 않으시는 분이십니다."

나는 "아! 성경말씀을 입안의 달콤한 사탕처럼 해석하는 것이 추론이라는 거군요?"

그는 "네, 이런 궤변을 말하는 자가 자신의 교리를 방어하느라 지껄이는 논쟁이 곧 말이 두른 불빛과 자줏빛과 유황빛의 가슴방패입니다. 추론자들이 궤변 교리를 입에서 품어내는 것은 불과 연기와 유황입니다."

나는 "추론하는 자에게 불이 타고 있나요?"

그는 "지옥의 불은 악한 자의 심정 안에서 타고 있는 것입니다. 불은 지옥의 영혼이 악을 사랑하고 거짓을 믿는 것을 상징합니다. 그것은 자아사랑의 불, 미움의 불입니다."

나는 "그들도 나름대로 총명을 가지고 있지요?"

그는 "네, 가슴방패에 자줏빛이 있음은 그들 나름대로는 총명을 가지고 있다는 것입니다. 자줏빛은 총명함을 의미합니다. 그러나 말의 입에서는 연기가 나옵니다. 불과 유황과 더불어 유출되

169

는 연기는 불로 인해 생산된 거짓입니다. 악한 사랑이 거짓된 생각을 생산합니다."

나는 "요한은 말의 입에서 연기가 품어 나왔다고 했습니다."

그는 "이런 광경은 추론적 가르침을 상징합니다. 이런 일은 사탄이 꾸민 일입니다. 사람의 영혼이 성경의 진리에서 멀어지도록 합니다. 악에서부터 진행된 모든 추론은 근원이 악마적이고 본성은 사탄과 다를 바 없습니다."

나는 "그러면 어떻게 되지요?"

그는 "악으로부터 생산된 거짓의 본성이 사탄과 다를 바 없는데 그 결과는 죽음뿐입니다. 말의 입에서 뿜어내는 불과 연기와 유황 때문에 사람들 삼분의 일이 죽었습니다. 그 말들의 힘의 근원은 그들의 입과 꼬리에 있습니다. 그 꼬리는 뱀과 같으며 머리가 달려서 그 머리로 사람을 해칩니다."

나는 "추론에서 나온 종교적 이론이 그렇게 무서운가요?"

그는 "불이라는 이기적 사랑과 연기라는 왜곡된 거짓이론과 유황이라는 정욕적 교리가 터져 나왔기 때문입니다. 주님은 입에서 나오는 것이 악한 생각, 살인, 간음이라고 하셨습니다."

나는 "꼬리가 뱀이라는 말은 무슨 의미인가요?"

그는 "교묘함을 상징합니다. 말의 꼬리를 형성한 뱀이 머리를 가졌습니다. 추론적 교리의 본질입니다. 이사야 선지자는 그 머리는 장로와 잘난 체하는 자들이요 그 꼬리는 거짓을 가르치는 예언자라고 말했습니다." (사9:15).

나는 "그러면 그들이 어떻게 해야 진리로 돌아설 수 있나요?"

그는 "진정 진리를 알고자 하는 순수한 의도가 있어야 합니다. 어린아이 같은 마음으로 순수해야 됩니다. 그러나 악한 마음으로 자기 머리를 의지하고 정욕을 채우고자 한다면 그것은 악한 자의 독무대가 될 것이 뻔합니다. 왜냐하면 그 속에는 회개가 빠졌기 때문입니다."

나는 "유황이 불타는 연못은 무엇을 의미하나요?" (계19:20).

그는 "유황으로 불타는 연못은 악의 탐욕과 거짓이 들이 있는 지옥을 의미합니다. 불과 유황은 자아 사랑에서 나오는 탐욕입니다. 자아 사랑과 세상 사랑에서 나오는 탐욕을 가지고 살아가는 상태를 의미합니다."

유황과 헤어지고

놋쇠를 만나다

놋쇠는 금과 은보다 강하지만 단점은 녹이 잘 슬고 수명이 짧다. 놋쇠는 색상이나 재질이 부드러운 금을 닮았다. 성경에서 놋쇠는 청동, 구리로 부른다. 놋쇠는 B.C 4,500년경부터 B.C 1,200년의 철기시대에 이르기까지 가장 널리 쓰인 금속이다.

나는 놋쇠를 찾아가서 "나는 마음의 세계에서 진리를 구하러 다닙니다. 당신은 무엇을 의미합니까?"

놋쇠는 "마음의 세계에서 우리는 자연적 상태를 의미합니다."

나는 "자연적 상태는 무엇입니까?"

놋쇠는 "네, 자연적이라는 말은 거듭나지 않은 상태를 의미합니다. 우리는 금과 은처럼 세련되지는 않지만 동정심 같은 외적인 선을 의미합니다."

나는 "당신은 주로 어느 곳에 사용되었습니까?"

놋쇠는 "성막을 만들 때 놋쇠 갈고리를 만들라고 했습니다."

나는 "무슨 의미인가요?"

놋쇠는 "선을 수단으로 천국과 결합하라는 의미입니다."

나는 "제단을 만들 때도 당신이 사용되었지요?"

놋쇠는 "네, 제단은 주님께 제사 드리는 단입니다. 영적으로 말하면 예배를 의미합니다. 정사각형 제단에 네 모퉁이 위에 뿔을 세우고 놋쇠로 씌우라고 하였습니다."

나는 "무슨 의미이지요?"

놋쇠는 "뿔을 세움은 능력을 의미하고 놋쇠로 씌움은 동정심이나 자연적 선행을 의미합니다. 그리고 삽, 물동이, 고기걸이, 부적가락 집기들도 놋쇠로 만들었습니다. 모두 선행으로 섬기라는 의미입니다."

나는 "놋쇠 집기만 있는 것이 아니라 금 집기들도 있지요?"

놋쇠는 "아! 그것은 순수한 선에 관련된 사실들을 의미합니다."

나는 "그렇군요. 제단을 위해 싯딤 목으로 장대를 만들고 놋쇠로 씌우라는 의미는 무슨 뜻입니까?" (출27:6).

놋쇠는 "싯딤 나무는 시내 산에 있었는데 가장 고상한 삼목입니다. 싯딤 목재로 장대를 만드는 것은 인간에게 있는 주님 사랑의 선을 의미합니다. 선행하는 능력을 의미합니다."

나는 "사도 요한이 밧모 섬에서 주님을 뵈었을 때 주님의 발이 마치 빛난 놋쇠를 닮았다고 하였습니다. 무슨 의미인가요?"

놋쇠는 "그분의 발이 훌륭한 놋쇠를 닮았다는 말은 자연적 선행을 의미합니다"(계1:15).

나는 "주님께서 부활하셨을 때 여자들을 향해 걸어오시면서 평안하냐?고 말씀하셨습니다. 그때 제자가 주님의 두 발을 붙잡고 엎드려 절했습니다. 무슨 의미이지요?"

놋쇠는 "여인들이 사랑하는 구세주가 살아 계시다는 사실을 얼마나 기뻐했는지 가히 상상하고도 남음이 있습니다. 예수의 발을 붙든 광경은 자연적 수준이지만 영화하신 주님과 결합함을 의미합니다. 그분께 엎드림은 자기들의 가장 순수한 사랑을 그분께 돌리는 상태를 뜻합니다."

나는 "스가랴 선지자는 두 개의 놋 산 사이에서 병거 네 대가 나왔다고 했습니다. 무슨 의미이지요?"(슥6:1).

놋쇠는 "두개의 놋 산 사이에서 나오는 병거들"은 선으로 형성된 진리를 뜻합니다."

나는 "모세가 아셀 지파를 두고서, 쇠와 놋으로 만든 문빗장으로 너희의 성문을 채웠으니, 너희는 안전하게 산다고 했습니다."

놋쇠는 "쇠와 놋으로 만든 문빗장은 철은 진리를 뜻하고, 놋쇠는 선행을 의미합니다. 여호수아가 여리고성에서 성읍과 그 안에 있는 모든 것은 불로 태웠지만 은이나 금이나 놋이나 철로 만든 그릇만은 주의 집 금고에 들여 놓았다고 했습니다. 그 이유는 선행을 의미하기 때문입니다."(수6:24).

나는 "두발가인은 놋쇠와 철을 만드는 기술라고 했습니다. 무슨 의미인가요?"

놋쇠는 "자연적 선과 진리에 관한 교리를 의미합니다. 교리는 말씀의 문자적 의미에서 나옵니다. 그러나 영적 진리가 그 안에 내재하고 있음을 알아야 합니다. 지혜의 말씀은 우리의 영적인 배고픔을 채우는데 충분합니다. 고로 진실된 심정으로 가르침을 받기 위해 빛 자체되신 그분을 찾아야 합니다. 그런 준비된 심정 상태라면 주님은 각자의 영적 상태에 맞게 주십니다.."

놋쇠와 헤어지고

철을 만나다

철은 땅속에 묻혀 있던 철광석에서 나온다. 순수한 철은 희고 광택이 있는 금속인데, 철 자체만 생산되는 경우는 드물다. 철은 탄소의 비율에 따라 선철 · 연철 · 강철 3종류로 나눈다. 선철은 용광로에서 막 빼낸 철로서 무쇠라고도 하고, 연철은 무르기 때문에 철판이나 못 등을 만드는 데 쓰인다. 그리고 강철은 철강이라고도 하는데 선철에서 불순물을 없앤 것이다. 성경에는 세 가지를 구분해서 말하지 않고 단순하게 철이라고만 표현했다.

나는 철에게 다가가서 말했다. "나는 마음의 세계에서 진리를 구하러 다닙니다. 당신에 대해 알려 주시기를 바랍니다."

철은 "성경에 두발가인은 놋쇠와 철을 다루는 모든 기술공의 선생이라고 했습니다."

나는 "무슨 의미이지요?"

철은 "마음의 세계에서 놋쇠는 자연적 선을 의미하고 철은 자연적 진리의 교리를 의미합니다. 자연적이라는 말은 다듬어지지 않은 상태를 의미합니다. 기술공은 슬기롭고, 총명한 자를 의미합니다. 그러니까 철과 놋쇠를 다루는 기술공은 자연적 선과 진리에 관한 지식이 많은 자를 의미합니다."

나는 "성경에 내가 놋쇠 대신 금을 가져 오며, 철 대신 은을 가져 오며, 나무 대신 놋쇠를 가져 오며, 돌 대신에 철을 가져 오겠다고 하였습니다. 무슨 의미인가요?" (사60:17).

철은 "놋쇠 대신 금을 가져 오고, 철 대신에 은을 가져 오고, 돌 대신에 철을 가져 온다는 말씀은 자연적 상태에서 영적 상태로 변화됨을 의미합니다."

나는 "그러면 놋쇠, 철, 돌은 자연적인 상태를 의미하나요?"

철은 "그렇습니다. 대신하는 금, 은, 철은 영적 상태를 의미합니다. 영적인 수준에 따라 순서대로 말했습니다."

나는 "주님께서 쇠막대기로 만국을 돌보신다고 했습니다. 그 의미는 무엇인가요?"

철은 "쇠막대기는 진리를 의미합니다. 진리로써 악을 부순다는 의미입니다."

나는 "막대기는 무엇을 의미합니까?"

철은 "막대기는 힘을 상징합니다. 주님께서 모세에게 네 손에 있는 것이 무엇이냐?고 물어보았을 때 모세는 막대기라고 대답했고, 주님께서 지팡이를 손에 잡고 이적을 행하라고 했습니다. 막대기는 주님의 신성한 힘을 의미합니다(출4:17)."

나는 "홀과 막대기도 같은 의미인가요?"

철은 "홀은 통치 측면에서의 진리를 말하고 막대기는 힘의 측면에서의 진리를 의미합니다. 백성들이 모세에게 불평을 하자 모든 지파들의 우두머리는 성막에 자기들의 막대기를 놓아두라고 말했습니다. 그 중에 레위의 막대기에 살구꽃이 피었습니다."

나는 "쇠막대기는 자연적 진리의 힘이라는 의미이군요. 예루살렘 성전의 그릇들로 술을 마신다는 것은?"

철은 "진리의 모독을 의미합니다. 예루살렘 성전의 그릇들은 거룩한 진리의 교리를 의미합니다. 그곳에 술을 마신다는 것은 진리 왜곡을 의미합니다."

나는 "어떻게 진리를 왜곡하지요?"

철은 "바벨론 왕이 금 그릇으로 술을 마신다고 했지요? 금 그릇으로 술을 마시는 것은 외적으로는 거룩하지만 내적으로는 진리를 모독하는 것입니다." (창10:10).

나는 "금, 은, 동, 철, 나무, 돌로 만든 신들을 찬양한다는 것은 무슨 뜻이지요?"

철은 "우상숭배를 의미합니다. 우상숭배는 자기중심적이기 때문에 천국과는 거리가 멉니다. 우상은 자기사랑과 세상사랑에서 비롯되었습니다. 벽에 메네 메네 데겔과 바르신이라는 글자는 분리한다는 의미인데, 진리를 모독하여 결국 천국에서 분리되었음을 의미합니다."

나는 "그 뒤에 왕이 사람 사는 세상으로부터 쫓겨나서, 그의 마음은 들짐승처럼 되었고, 그의 처소는 들 나귀와 함께 있었다고 했습니다. 무슨 의미이지요?"

철은 "진리로부터 격리되어 지옥의 운명을 의미합니다. 들 나귀들은 지옥에 있는 자들과 동일하게 거짓에 빠진 상태를 의미합니다. 처소는 삶의 운명을 의미합니다."

나는 "아무런 유익이 없는 우상을 만들고 무익한 우상을 부어 만드는 자가 누구냐? 철공은 그의 힘센 팔로 연장을 벼리고, 숯불에 달구어 메로 쳐서, 모양을 만든다. 이렇게 일을 하고 나면, 별 수 없이 시장하여 힘이 빠진다. 물을 마시지 않으면, 갈증으로 지친다는 말이 있습니다. 무슨 의미인가요?'(사44:10,12).

철은 "우상을 만든다는 것은 자기 나름의 삶의 원리를 의미합니다. 삶의 원리는 자기만의 독특한 삶의 방식을 의미합니다. 우상을 부어서 만드는 것은 자기를 사랑하는 교리를 의미합니다. 자기사랑의 교리는 대단히 이기적입니다. 또 집게를 가진 철공이 쇠를 숯불에 가공함은 스스로 선이라고 믿지만 악이 도사리고 있음을 의미합니다. 여기서 숯불은 지옥 불을 의미합니다. 종합하여 말하면 자기 사랑으로 삶의 방식을 만들어 나간다는 의미입니다. 일종의 거짓된 사상을 의미합니다."

나는 "여기서 철은 무엇을 의미하나요?"

철은 "네, 여기에서 말하는 철은 거짓을 뜻합니다. 우상을 만들기 때문이지요. 망치로 쳐서 그것을 만드는 것은 자기 나름대로 상상하여 꾸며낸 추론을 의미합니다."

나는 "그렇다면 철공은요?"

철은 "철공이 그의 힘센 팔로 그것을 만들었다는 말씀은 자신에게서 비롯되었음을 뜻합니다. 주님이 주시는 힘이 아니라 스스로의 힘으로 밀고 나갑니다. 그렇지만 힘이 빠져서 갈증으로 지친다고 했습니다. 결국 진리가 필요함을 의미합니다."

나는 "배고프고 지친다는 의미는 무엇인가요?"

철은 "힘이 없을 때까지 일을 하고 배가 고프고 지칠 때까지 일을 하며 물도 마시지 못한다는 말씀은 선과 진리가 하나도 없음을 뜻합니다. 배고픔은 선이 바닥난 상태이고 갈증은 진리가 메마르게 된 상태입니다. 힘이 없을 때까지 일을 하고 지칠 때까지 일을 한다는 의미는 그나마 남아 있는 선과 진리마저 모두 다 탕진한 상태입니다. 마치 주님께서 비유로 말씀하신 탕자가 생각나지 않나요?"

나는 "황충이 철호심경을 가지고 있다고 했습니다."(계 9:9).

철은 "거짓으로 무기삼아서 싸우고 이기려드는 자들을 의미합니다. 이들은 양의 탈을 쓰고 있는 사나운 이리같은 자들입니다. 겉으로는 사리사욕 없는 친절처럼 보이지만 게걸스러운 이기심을 가지고 있습니다. 그들이 이타애라는 탈을 쓰고 온다고 해도 진짜 본성은 잔인함이 들어 있습니다."

철과 헤어지고

제2부
일반편

소금을 만나다

소금은 인간이 생명을 유지하는데 있어서 반드시 필요한 무기질 중 하나이다. 소금은 음식의 맛을 내는데 오랫동안 이용되어 왔다. 또한 소금은 고대국가의 종교 의식에 중요한 제물로 이용되었으며, 변하지 않는 소금의 성질 때문에 계약을 맺거나 충성을 맹세하는 징표로 사용되었다. 또한 소시지를 제조할 때 고기의 근육 단백질을 용해시키기 위해 사용되기도 한다.

소금은 음식물을 썩지 않도록 보존하는 용도로(왕하2:20, 마5:13) 쓰였는데 영적으로는 선한 자의 가르침(마5:13), 인자한 마음(막9:50), 선한 말의 영향력(골4:6)을 의미한다.

나는 소금에 대해 더 알고 싶었다. 그래서 소금에게 가까이 다가가서 말했다. "나는 진리를 찾으러 마음의 세계를 다니고 있습니다. 당신에 대해 알려 주시기를 바랍니다."

소금은 "우리에게는 녹는 성질이 있습니다. 그래서 서로를 하나가 되게 합니다."

나는 "소금에게는 서로를 하나 되게 하는 힘이 있군요."

소금은 "그렇습니다. 아무리 기름진 음식이라도 소금이 들어가면 서로를 하나로 묶습니다. 예를 들어 물과 기름은 성질이 달라서 하나 되지 않지만 소금이 있으면 둘을 하나로 용해시킵니다."

나는 "당신은 맛을 내게도 하지요?"

소금은 "네, 아무리 좋은 음식이라도 소금이 없으면 도통 맛이 없습니다. 음식에 소금이 들어가서 맛이 나는 것은 음식물을 녹여 융합하기 때문입니다."

나는 "그러면 마음의 세계에서 소금은 무엇을 의미합니까?"

소금은 "소금은 진리를 사랑하는 마음을 의미합니다. 소금의 힘은 진리를 사랑하는 마음에서 나옵니다. 그래서 주님은 제자들을 향해서 세상의 소금이라고 하였습니다."

나는 "진리를 사랑하는 마음이라고요?"

소금은 "네, 진리를 사랑하면 선하게 됩니다. 주님을 믿노라고 말을 하면서 진리를 사랑하지 않는다면 맛을 잃은 소금이라고 할 수 있습니다."

나는 "그래서 소금이 맛을 잃어버리지 말아야 한다는 거군요."

소금은 "진정 주님의 제자라고 한다면 영적 세계를 위하여 진리를 사모해야만 합니다. 소금은 애정을 상징합니다. 성경에 모든 소제물에 소금을 치라 네 하나님의 언약의 소금을 네 소제에 빼지 못할지니 네 모든 예물에 소금을 드리라고 했습니다."

나는 "소제물에 소금을 치라는 말은 무슨 의미이지요?"

소금은 '반드시 소금을 치라는 의미는 선해지고자 하는 희망이 약해서는 안 된다는 말입니다. 소금은 결합을 의미합니다."

나는 "언약이라는 말은 결합을 의미하는군요?'

소금은 "네, 모든 제물에 소금을 치라고 한 의미는 예배를 통해서 인간이 주님께 구원받고자 하는 소망과 인류 구원을 위한 주님의 소망이 만나기 때문입니다."

나는 "그렇다면 개인적인 면에서 소금은 무엇을 의미하나요?'

소금은 "음, 성경에 소금을 마음에 간직하고 서로 화목하게 지내라고 했습니다." (막9:49).

나는 "소금을 마음에 간직하라고요? 무슨 의미이지요?'

소금은 "소금을 간직하라는 말의 의미는 서로 사모하는 마음을 가지라는 말입니다. 그것만이 평화롭게 살아가는 길이라는 뜻입니다."

나는 "너희는 세상의 소금이다. 만일 소금이 짠맛을 잃으면 무엇으로 다시 짜게 만들겠느냐? 그런 소금은 아무데도 쓸 데 없어 밖에 내버려 사람들에게 짓밟힐 따름이라는 구절을 잘 알고 있습니다. 그 의미를 알려 주시기를 부탁드립니다."(마5:13).

소금은 "주님은 만일 소금이 짠맛을 잃으면 무엇으로 다시 짜게 만들겠냐고 하셨습니다. 사랑은 종교의 본질입니다. 아무리 진리를 가지고 있다고 해도 사랑이 없으면 결국 맛을 내지 못하기 때문에 아무 소용이 없습니다. 사랑 없는 생각이나 행동, 언어는 의미 없는 꽹과리 소리와 같습니다."

나는 "경고의 말씀이군요. 만일 그렇게 된다면 어떻게 되지요?"

소금은 "짠맛을 잃은 소금은 쓸모가 없어져서 밖에 내버려 사람들에게 짓밟힐 따름이라고 했습니다. 사랑이 빠지면 진리는 아무 쓸모가 없습니다. 밖에 버리게 되어 발에 짓밟히게 된다는 의미는 이 세상뿐만 아니라 저 세상에서도 쓸모없다는 말입니다."

나는 "저세상에서도 그런 원리가 통하나요?"

소금은 "네, 저 세상에서는 거짓이 통하지 않습니다. 마음속의 선악이 있는 그대로 드러납니다. 그러기 때문에 주님 사랑하는 마음이 없으면 공개적으로 진리를 거절하게 됩니다. 그 나라는 위선이 통하지 않기 때문입니다. 겉으로만 진리를 가진 척할 수 없습니다. 사랑이 없으면 진리도 사라지기 때문에 발아래서 뒹굴게 되고 밟히게 된다고 하였습니다."

나는 "발은 무엇을 의미하나요?"

소금은 "육체적으로 발은 온갖 더러운 것을 밟고 다니는 가장 낮은 부분입니다. 마음의 세계에서 감각적인 상태는 가장 낮은 부분에 해당됩니다."

나는 "음, 발로 짓밟힘은 감각적인 상태에 빠져서 천국에서는 아주 쓸모없게 된다는 말인가요?"

소금은 "네, 맛을 잃은 소금은 땅에도 소용없고 거름으로도 쓸 수 없어서 버릴 수밖에 없습니다. 마찬가지로 사랑이 없는 자들은 천국에 있을 곳이 없어서 지옥으로 떨어지고 맙니다. 한마디로 저주받은 상태입니다."

나는 "말씀을 듣고 보니 우리 주변에 맛을 잃은 소금이 되어 버린 자가 얼마나 많은지요? 종교지도자가 되어서 진리를 설교하지만 진리를 실천하고자 하는 의지가 없는 자들이 많습니다."

소금은 "그런 자들은 자기지식을 자랑하면서 쓸데없는 변론을 일삼는 자입니다."

나는 "그들의 삶이 지옥과 같겠군요?"

소금은 "지옥은 자기가 가장 잘난 자로 여겨서 이기적인 삶을 살며 세상 명예와 쾌락에 도취되어 가족이나 이웃을 희생시키는 자들이 가는 곳입니다. 이런 자는 극악무도하고 교만하기 이를데 없습니다."

나는 "아! 그렇군요. 정리한다면 이웃 사랑은 맛을 내는 소금이고, 자기사랑은 맛을 잃은 소금이군요."

소금은 "그런데 맛을 잃은 자에게는 특징이 있습니다."

나는 "어떤 특징이지요?"

소금은 "그들은 언제나 자기만 생각합니다. 언제나 무슨 일을 하든지 자기의 명예와 권위를 높이고자 하고 매우 이기적입니다. 이런 자들은 이기심을 가지고 큰 업적을 남기려고 하는 경향이 있습니다. 그들은 이기심으로 마음속에 지옥을 만듭니다."

나는 "그런 자들은 대인관계를 어떻게 하나요?"

소금은 "오직 자기 이기심의 동기로 대인관계를 합니다. 자기만 잘되기만을 원합니다. 타인이 자기 이익에 협조하지 않을 경우에는 온갖 협박과 욕을 합니다. 이런 자들이 타인에게 선심을 쓸 경우에는 반드시 이기적인 목적이 숨어 있습니다."

나는 "만일 다른 사람이 자기에게 도움이 되지 않으면요?"

소금은 "즉각적으로 멈춥니다. 이런 자들은 이기심의 동기로 행복을 찾기 때문입니다. 이들도 자기 가족을 사랑합니다. 하지만 그의 이기심을 충족시킬 때만 입니다."

나는 "정말로 이기적이군요."

소금은 "네, 이들은 자신에게 이익이 무엇인가 하고 스스로 끊임없이 질문합니다."

나는 "소금 바다는 무엇을 의미하나요?" (창14:3).

소금은 "거짓에서 올라온 더러운 상태를 소금 바다라고 합니다. 다시 말하면 세속적 탐욕이 강해서 마음이 황폐해진 상태를 의미합니다." (신29:22).

나는 "그러면 소금 구덩이는 무엇을 말하나요?" (습2:9).

소금은 "소금은 진리를 갈망하는 상태이지만 소금 구덩이는 거짓을 갈망하는 상태입니다. 소금 구덩이는 완전하게 진리가 파괴되었기 때문에 영원한 폐물입니다."

나는 "성경에 아비멜렉이 성을 파괴하고 거기에 소금을 뿌렸습니다. 또는 사람들이 행실이 안 좋은 면을 보았을 때 소금을 뿌리는 관습이 있는데 무슨 뜻이지요?' (사9:45).

소금은 "소금 뿌림은 다시는 재건하지 않겠다는 표현입니다."

나는 "롯의 아내가 뒤를 돌아보다가 소금 기둥이 되었다고 했는데 어떤 의미인가요?' (창19:26).

소금은 "롯의 아내는 세상을 사랑하다가 소금기둥이 되고 말았습니다. 진리를 믿는다고 하면서 세상을 사랑하면 결국 롯의 아내처럼 됩니다. 그러므로 진리를 실천하여 반드시 선의 열매를 거두어야 합니다. 그렇지 않고 말로만 진리를 가지고 자기를 드러내면 하면 소금기둥이 되고 맙니다."

나는 소금에 대해 여러 가지 생각을 했다. 소금은 진리를 사모하는 마음을 의미하기 때문에 소금이 짠 맛을 잃어버린 것 같은 인생이 되면 실타래가 엉킨 것처럼 되어 질서 없이 엉망진창으로 살아가는 무지막지한 인간이 되고 만다. 성경에는 사람마다 불로써 소금 치듯 함을 받으리라고 했다(막9:49).

우리의 인생이 소금으로 간을 맞추듯이 진리를 갈망하면서 무너진 영혼을 세워나가야 한다.

소금과 헤어지고

번개를 만나다

나는 비오는 날 뇌성과 함께 불빛이 번쩍하고 온 세상을 환하게
하였다가 곧 꺼지는 번개가 궁금했다. 번개는 구름이 상승작용
을 하다가 마찰을 일으켜서 생긴 발광현상이라고 한다.

나는 번개에 대해 궁금해졌다. 그래서 번쩍거리는 번개에게 다
가가서 다정하게 말을 건넸다.

나는 "나는 마음의 세계에서 진리를 찾으러 다닙니다. 번개에 대
해 알려 주시기를 바랍니다."

번개는 "아! 그렇습니까? 우리는 보통 벼락이라고 하기도 합니
다. 우리는 순간적으로 전류를 흐르게 되어 엄청난 전압이 발생
하여 온 세상을 환하게 합니다."

나는 "소리보다 빠른가요?"

번개는 "그렇습니다. 우리는 천둥소리보다 빠릅니다. 그래서 번개 친 다음에 천둥소리가 들립니다."

나는 "사람이 번개 맞을 확률이 어느 정도인가요?"

번개는 "사람이 번개를 맞을 확률은 1/1,000만 정도로 알려져 있습니다."

나는 "과학적으로 번개가 한번 치면 순간적으로 대략 1~10억 볼트 정도의 전압이 발생해서 100와트 전구 10만 개를 1시간 동안 켤 수 있을 만큼 엄청난 에너지가 발생한다고 배웠습니다. 성경에는 번개를 무엇이라고 기록하지요?"

번개는 "번개가 동편에서 나서 서편까지 번쩍임 같이 인자의 임함도 그러하리라 주검이 있는 곳에는 독수리들이 모인다고 했습니다." (마24:27).

나는 "주님께서 번개처럼 갑자기 나타나신다는 그런 말인가요?"

번개는 "그렇게 생각할 수 있지만 이 말씀에는 깊은 의미가 있습니다. 번개가 온 세상을 밝혔다가 꺼지는 것처럼 초기 교회가 주님과 이웃사랑으로 진리의 빛을 동원해서 환해졌지만 종말에는 가서 어두워서 썩은 고기를 찾는 독수리와 같은 상태가 되었다는 의미입니다. 교회와 영혼의 변화를 의미합니다." (마 24:27).

나는 "아! 동쪽에서 서쪽으로 번쩍인다는 말씀은 교회가 밝아졌다가 어두워진다는 의미이군요."

번개는 "동쪽이나 서쪽은 상태를 의미합니다. 동쪽은 사랑의 상태이지만 서쪽은 사랑과는 멀어진 상태를 의미합니다. 주님의 오심은 상태 변화와 연관이 있습니다."

나는 "상태변화?"

번개는 "실제적으로 번개가 동쪽에서 쳐서 서쪽으로 진다는 말은 과학적인 논리가 아닙니다. 번개가 칠 때 동쪽과 서쪽은 없습니다. 그러나 성경에 그렇게 표현한 뜻을 알아야 합니다."

나는 "아! 그렇군요. 그렇다면 동쪽은 무엇을 의미하나요?"

번개는 "동쪽은 이웃 사랑을 의미합니다. 반면에 서쪽은 사랑의 종결입니다."

나는 "번개가 동쪽에서 서쪽으로 친다는 말은 진리로 인한 사랑이 강렬하게 나타났다가 사랑이 식어진다는 말이네요."

번개는 "그 의미는 시간적 개념보다 상태 변화와 관련된 말씀입니다. 물리적 시간이 아니고 새로운 상태의 시작입니다."

나는 "새로운 상태의 시작이요?"

번개는 "네, 인자는 진리의 주님을 의미합니다."

나는 "왜 주님은 자신을 인자라고 말을 했을까요?"

번개는 "그 말씀에 대해 설명해 드리겠습니다. 성경에 주님께서 여기 서있는 사람 중에 죽기 전에 인자가 그 왕권을 가지고 오는 것을 볼 자들도 있다는 구절이 있습니다."(마16:28).

나는 "제자들에게 하신 말씀으로 알고 있습니다. 그러나 사실상 제자들은 주님께서 왕권을 가지고 오는 것을 현실 속에서 보지 못하고 이 세상을 떠났습니다."

번개는 "네, 그러므로 주님의 말씀을 영적으로 이해해야만 합니다. 주님은 종교의 마지막 상태에 관해 예언적으로 말씀하셨습니다. 예수께서는 요한에 대해 베드로에게 이런 말씀을 하셨습니다. 내가 돌아올 때까지 그가 살아 있기를 내가 원한다고 한들 그것이 너와 무슨 상관이 있느냐? 그래서 예수를 믿는 사람들 사이에서 요한이 죽지 않으리라는 소문이 퍼졌다고 합니다."

나는 "그러면 그 말씀의 의미는 무엇인가요?"

번개는 "요한은 이웃사랑을 의미합니다. 요한은 사랑 가운데 있는 사람을 의미합니다. 그분의 나라를 받아들이는 사람은 사랑이 있는 자입니다. 사랑을 가진 자들은 주님의 진리를 받아들이기 때문에 주님의 통치를 받게 됩니다.”

나는 “아! 그렇군요. 주님은 거듭난 마음에 오시는군요.”

번개는 “주님은 거듭난 사람에게 구세주로서 오십니다. 이웃사랑은 인자가 마음에 오심을 보는 거듭난 마음입니다.”

나는 “더 설명해 주시기를 바랍니다.”

번개는 “인자의 임함이 섬광이 나타났다가 사라지는 것과 같다는 말은 교회가 처음에는 강성했지만 마지막에는 어둠에 휩싸이게 됨을 의미합니다. 교회가 진리의 애정이 사라져 버려 죽은 상태, 즉 사랑과 지성이 어두워져 버린 상태를 의미합니다.”

나는 “그러면 온 세상에 빛이 사라져 버렸다는 말인가요?”

번개는 “세상에 복음이 전파되는 동안에는 진리로 인해 사람들의 마음이 일깨워졌습니다. 그러나 마음속에 빛이 사라지고 난 후에 종교는 사랑을 실천하기 보다는 건축에 열을 올리거나 사람들의 기분을 좋게 하려는 프로그램이나 좋은 이미지를 보여주고자 하는데 머물게 됩니다.”

나는 “그렇게 되면 결국 어떻게 되나요?”

번개는 “교회에 어둠이 밀려와서 무력해지고 맙니다. 그래서 교회의 마지막 상태를 시체와 독수리라는 단어로 표현됩니다. 죽음과 황폐함을 그렇게 표현했습니다."

나는 "아! 무섭습니다. 기독교회가 마지막을 맞다니요. 독수리가 모인다는 의미는?"

번개는 "시체가 있는 곳에는 독수리가 모여드는 법입니다. 독수리는 제 몫을 챙기기에 여념이 없습니다."

나는 "독수리는 무슨 의미인가요?"

번개는 "독수리는 이성적 마음 상태입니다. 독수리가 먹이 사냥할 때는 수직 낙하를 하지요? 마찬가지로 교회가 그런 모습으로 급속하게 타락함을 의미합니다. 이성은 고상한 자질입니다. 이성이 진리를 섬긴다면 진리를 높일 수 있습니다. 그러나 이성이 정욕의 노예가 될 때는 급속도로 타락합니다."

나는 "아! 독수리의 모습이 그렇군요."

번개는 "네 이성이 진리를 섬길 때 독수리 날개같이 상승되어 마음이 새로워집니다. 그러나 거짓을 따를 경우 썩은 고기를 본 독수리같이 먹이를 위해 급하게 땅에 내려옵니다."

번개와 헤어지고

이슬을 만나다

아침에 눈을 떠서 풀잎을 보면 촉촉하게 적셔있는 물방울이 보인다. 이슬이다. 이슬은 주로 바람이 불지 않는 밤에 생성된다고 한다. 중동 시리아 지방은 3월에서 10월 사이에 밤에 비가 내린 듯이 이슬이 맺히기 때문에 가뭄 해갈에 많은 도움을 주었다.

이슬은 가뭄 해갈에 도움을 주기 때문에 비의 축복과 더불어 풍요의 상징으로 말했다(창27:28). 그러므로 유대인들은 이슬을 거두는 것을 저주의 표시로 여겼다(삼하1:21, 왕상17:1, 학1:10).

나는 이슬에게 다가가서 말했다. "나는 진리를 구하기 위해 마음의 세계에 다닙니다. 당신에 대해 알려 주시기를 바랍니다."

이슬은 "우리는 맑게 개인 하늘에 해가 지고나면 풀과 나무와 잎 새와 땅의 표면에 작은 구슬과 같은 물방울이 맺히도록 해서 온 대지에 신선한 생기를 줍니다."

나는 "마음의 세계에서 당신은 무엇을 의미합니까?"

이슬은 "이슬은 동터오는 새벽에 내리지요? 어두운 밤이 지나고 새날이 시작됨을 알려줍니다. 그래서 마음의 세계에서는 진리의 깨달음이라고 합니다."

나는 "진리의 깨달음이요?"

이슬은 "네 그렇습니다. 진리가 이슬처럼 맺히면서 영혼의 안식과 위로와 기쁨을 선물해 줍니다."

나는 "이슬은 마음이 신선해지는 상태를 의미하는군요?"

이슬은 "이슬은 평화로운 마음에 깃드는 선한 진리입니다."

나는 "광야 인생길을 걸어가는 이가 더 이상 메마르지 않기 위해서 동트는 새벽에 풍성하게 내리는 진리의 이슬을 얻으려면 어떤 준비를 해야 하나요?"

이슬은 "하나님께서 하늘의 이슬을 주신다고 했습니다. 주님께서 진리를 주십니다. 진리를 사랑하고 믿음을 지켜 나가면 주님은 그런 자에게 풍성한 이슬을 약속합니다." (창27:28).

나는 "성경에 시온 산 위에서 내려오는 헬몬의 이슬이라고 했는데 무슨 의미인가요?"

이슬은 "주님께서 사랑을 공급하심으로 맺히는 선의 열매와 진리의 번성을 뜻합니다."

나는 선의 열매와 진리의 번성이라는 말을 들을 때 마음속에 그런 열매가 가득하기를 기원했다. 왜냐하면 주님 앞에서 나의 인생을 계산하게 될 때 선의 열매와 진리의 번성을 내놓을 수 있기를 바라는 마음에서이다.

나는 그런 선의 열매와 진리의 번성을 위해서 무엇을 할 것인지를 생각했다. 거듭나면 선의 열매와 진리의 번성으로 생명이 주어진다. 생명은 선과 진리의 열매이다.

나는 이슬에게 질문했다. "이삭이 야곱에게 축복할 때 하나님은 하늘의 이슬과 땅의 기름짐이며 풍성한 곡식과 포도주를 네게 주시기를 원하노라고 했습니다. 무슨 의미이지요?"(창27:28).

이슬은 "하늘의 이슬은 위로부터 주시는 진리이고 땅의 기름짐은 마음의 선한 상태를 의미합니다. 풍성한 곡식은 선을 의미하고 포도주는 진리를 의미합니다. 한마디로 선의 열매와 진리의 번성을 주시겠다는 말씀입니다."

나는 "진정한 축복이네요?"

이슬은 "선과 진리의 수용은 생명을 얻는 것이고 하늘나라의 순수함을 받아들이는 것입니다. 얼마나 귀한 일입니까?"

나는 "가을 더위에 내리는 이슬 같다는 말은 무슨 의미이지요?"

이슬은 "가을 더위에 내리는 이슬은 진리가 열매 맺는 상태를 의미합니다. 우리가 일생을 통해 이루어야할 결산이라고 할 수 있습니다. 인생 가을에 스스로 판단하기를 지금까지 지내온 것 주님의 은혜라고 노래할 수 있는 영혼의 상태를 의미합니다. 천국 가는 여정에서 오늘 여기에 이르게 된 것은 주님께서 아침 이슬처럼 알게 모르게 인도하셨기 때문이고 또한 자신도 모르는 사이에 주님의 가르침이 마음속에 스며들었기 때문입니다."

나는 "아 듣고 보니 참으로 은혜스럽군요. 인생 가을 녘에 모든 것이 산산조각이 난 사람을 많이 보았습니다. 몸은 병들고 경제가 무너지고 가정은 깨어지고 대인관계도 무너지고 영적인 상태는 거짓으로 어두워져서 술과 절망에 젖어서 상처투성이가 된 인간들을 보았습니다."

이슬은 "자신을 돌아보아야 합니다. 그동안 자신이 살면서 굳게 믿어왔던 생각이 진리가 아니고 이기적인 욕심으로 굳어진 거짓된 신념이었음을 깨달아야 합니다. 다시 말해서 가을 더위에 지쳐버린 자신의 상태를 인식하고 회개를 해야 합니다. 그러면 아침 이슬이 내립니다."

나는 "너무나 경직되어 굳어버린 영혼을 어쩌겠습니까? 길보아 산에는 비도 이슬도 내리지 아니하였다고 했는데 그런 자들을 두고 한 말 같습니다."

이슬은 "비와 이슬은 주님으로부터 흘러들어 결실을 맺게 해주는 진리를 의미합니다. 그런데 길보아 산에 비도 내리지 않고 이슬도 없다고 하는 것은 저주입니다."

나는 "무엇이 잘못되어서 그 지경에 이르렀을까요?"

이슬은 "욕심으로 의도가 파괴되어 버렸기 때문입니다."

나는 "거짓된 신념으로 순수 의도가 파괴되면 하나님의 사랑을 받지 못하게 되어 결국 죽음 아닌가요?"

이슬은 "이슬방울이 풀잎에 내려앉아 잎 새에 스며들어야 하는데 스며 들지 못하는 것은 마음이 완악해져서 그렇습니다."

나는 "그러면 어떻게 되나요?"

이슬은 "그러면 광야처럼 메마르게 됩니다. 더 이상 진리가 없으므로 아무도 거주하지 못하는 땅이 되어갑니다."

나는 "유대인들이 출애굽하여 이십 세 이상은 광야에서 죽었습니다. 왜 그들이 가나안에 들어가지 못하고 광야에서 죽었을까요? 광야는 어떤 상태인가요?" (민32:11).

이슬은 "출애굽한 자 중 이십 세 이상 된 자는 광야에서 죽었습니다. 그 이유는 악이 그들에게 머물러 있었기 때문입니다. 그들은 시험에 노출되어 시험을 이기지 못하고 악한 상태에 있었기 때문입니다."

나는 "광야는 어떤 곳을 의미합니까?"

이슬은 "하갈은 브엘세바 광야에서 방황했습니다(창21:14). 광야는 길을 찾지 못하고 헤매는 상태입니다."

나는 "왜 광야에서는 길은 찾지 못하고 헤매게 되는 걸까요?"

이슬은 "진리가 없어서 그렇습니다. 그래서 이사야 선지자는 바다의 사막이라고 표현을 했습니다(사21:1). 그 말은 진리 없이 멋대로 추론하기 때문입니다. 시편 기자는 진리에 무지한 자에 관해서 말하기를 황량한 길에서 방황했다고 말했습니다(시107:4). 호세아 선지자는 진리가 무너져 버린 상태에 대해 말하기를 그로 광야 같이 되게 하고 마른 땅 같이 되게 하여 목말라 죽게 한다고 하였습니다."(호2:3).

나는 "하나님이 홍해의 광야 길로 돌려 백성을 인도하셨습니다.

그런데 주님은 왜 유대인들을 광야 길로 인도했을까요?"(출13:18).
이슬은 "하나님이 그의 백성들을 광야 길로 인도했습니다. 주님의 돌보심으로 시험을 통해서 선의 열매와 진리의 번성을 이루기를 원했기 때문입니다. 모세는 바로에게 가서 말하기를 하나님께서 광야에서 축제를 열기를 원하신다고 말했습니다(출5:1). 그 말은 비록 믿음이 약할지라도 기쁜 마음으로 주님께 예배하기를 원하신다는 의미입니다. 주님은 광야에서 주님을 섬기기를 원하십니다."(출7:16).

나는 "주님을 따르는 자들은 광야길을 잘 통과해야 되겠군요."

이슬은 "광야의 시험을 통과하지 못하면 악에 젖게 되고 변질된 거짓만 남게 됩니다. 주님을 믿는 자들에게도 광야와 같은 삭막한 상태가 있고 희망 없는 때가 있습니다. 그때는 슬프게 우는 때입니다. 다윗은 이런 상태를 두고 말하기를 야훼여! 노여우시더라도 나의 죄를 묻지 말아 주소서 아무리 화가 나시더라도 나를 벌하지 말아주소서! 라고 기도했습니다. 시편기자는 고통을 이렇게 묘사하고 있습니다. 나는 울다가 지쳤습니다. 밤마다 침상을 눈물로 적시고 나의 잠자리는 눈물바다가 되었습니다. 울다 눈이 안보이고 괴롭다 못하여 늙고 말았습니다."

나는 "그런 시련을 주님께 징계 받는다고 생각했군요?"

이슬은 "주님께서는 사랑하신 자를 가끔 견책하십니다. 그러나 우리가 매를 맞기에 앞서 생각해야 할 사실은 우리는 그분의 사랑의 대상일 뿐만 아니라 주체라는 사실입니다."

나는 "사랑의 주체라는 말에 더욱 책임이 느껴지는군요."

이슬은 "네 그래서 주님은 이스라엘 백성은 돌아오리라. 이는 내 말이라 어김이 없다. 울며 돌아와 저희의 하나님, 여호와를 찾으리라고 하셨습니다." (렘50:4).

나는 "내 말은 이슬처럼 맺힌다고 했습니다." (신32:2).

이슬은 "내 말이 이슬처럼 맺힌다는 말은 주님의 말씀이 선이라는 의미입니다. 말씀의 내적 의미는 주님의 영화하심과 인간의 거듭남을 밝히는데 사용됩니다. 이 두 가지 일은 원인과 결과로서 관계를 맺고 있습니다. 주님의 영화하심은 인간 거듭남의 근원입니다. 주님께서 영화하셨기 때문에 인간이 거듭나는 것입니다. 거듭남을 통해서 우리는 구원을 받습니다. 주님은 영화하심으로 그분의 인성을 신성으로 만드셨습니다. 거듭남을 수단으로 그분은 인간을 영적으로 만드십니다."

이슬과 헤어지고

비를 만나다

나는 비에 대해서 알고 싶어졌다. 나는 비에게 말했다. "나는 마음의 세계를 다니며 진리를 구하고 있습니다. 당신에 대해 알려 주시기를 바랍니다."

비는 "네, 무엇이 궁금하신지 말씀하세요."

나는 "하나님은 비를 의로운 자와 불의한 자에게 보내신다고 했어요. 무슨 의미인가요?" (마5:45).

비는 "비는 진리를 의미합니다. 아버지께서 옳은 사람에게나 옳지 못한 사람에게나 똑같이 비를 내려주신다는 의미는 주님께서 누구에게나 차별 없이 진리를 주신다는 의미입니다."

나는 "비를 주심은 진리를 주신다는 의미이군요?'

비는 "네, 비는 선별해서 내리는 것이 아니라 누구에게나 동일하게 내려오지요? 누구에게든지 비가 내리는 것은 진리는 누구에게든지 열려 있다는 말입니다. 이는 성경 말씀이나 자연을 통해서든 삶을 통해서든 그가 원한다면 지성으로 진리를 깨닫고 받아들일 수 있습니다. 주님은 땅을 위하여 비를 준비하신다고 말씀하셨습니다." (시147:8).

나는 "주님께서 비를 준비하신다는 말을 설명해 주세요."

비는 "그 말은 진리의 가르침을 받고자 하는 자는 반드시 진리를 주신다는 말입니다. 마치 식물이 잎 새로 호흡하여 태양의 빛을 받아들여 탄소동화작용을 통하여 꽃이 피고 열매를 맺듯이 말입니다. 주님은 누구든지 진리를 원한다면 각 사람의 상태에 맞게 진리의 비를 내려 주십니다. 실로 놀라운 일이지요."

나는 "그렇군요. 그런데 반대로 소돔과 고모라에 불과 유황이 비처럼 쏟아졌다는 말이 있습니다." (창19:24).

비는 "아! 불과 유황 비는 한마디로 지옥의 상태를 의미합니다. 소돔과 고모라에 불과 유황비가 내림은 악과 거짓이 쏟아진 것을 의미합니다. 비는 좋은 의미에서는 진리이지만 나쁜 의미로는 시험을 의미합니다." (창7:4).

나는 "소돔과 고모라의 유황불비가 지옥이라고요?"

비는 "지옥은 악과 거짓에 깊이 탐닉된 상태를 의미합니다."

나는 "아! 악과 거짓에 탐닉되었다고요? 근원지가 악이군요. 그러면 악은 마음 어디에서 나오나요?"

비는 "악은 의지에서 비롯됩니다. 의지는 자체 본성입니다."

나는 "자체 본성이라는 말은 사람의 영혼이라는 말이군요. 만일 사람이 죽으면 자신의 의지로 돌아가게 되나요?"

비는 "그렇습니다. 각자의 본성으로 돌아갑니다."

나는 "사람의 본성은 어떻게 만들어지나요?"

비는 "삶을 통해서 본성이 만들어집니다. 사람이 갓 태어나서는 순진무구하지만 성장하면서 세상 속에서 진리 아니면 거짓을 배웁니다. 진리를 선택하면 의지가 선하게 되고 거짓을 선택하면 악한 의지를 갖게 됩니다. 의지가 사람의 본성입니다."

나는 "아! 듣고 보니 무섭기도 하고 조심스럽군요. 모든 게 자신의 선택 여하에 달려 있군요. 이런 사실을 왜 몰랐는지 답답하기만 합니다. 한 가지 알고 싶습니다. 사람이 세상에서 있던 본성을 그대로 가지고 가나요? 죽으면 약간이라도 달라지나요?"

비는 "흠, 절대로 달라지지 않습니다. 이 세상에서 사는 동안 지니고 있던 본성 그대로 사후에 가지고 갑니다. 사후에는 본성 그 자체만 남습니다. 그러므로 본성이 이미 악에 물들어 버렸다고 한다면 교정하기가 거의 불가능합니다."

나는 "그러면 어쩌면 좋다는 말입니까?"

나그네는 "방법이 있습니다. 당신이 만일 선하게 되고자 한다면 악은 당신으로부터 멀어지게 됩니다."

나는 나그네의 말을 듣고는 마음을 진정하였다. "아! 내가 선한 영이 되고자 하는 마음이 중요하구나! 악이 더 이상 내게 돌아오지 못하도록 해야 되겠다. 주여! 나를 구원하소서!"

나는 "유황불비에 대해 생각하다보니 잠시 힘들었습니다. 아! 비통한 우박을 비로 내리게 하겠다는 말이 있는데요?" (출9:18).

비는 "우박이 내리면 모든 농작물이 파괴됩니다. 마찬가지로 우박 비는 파괴적인 거짓을 의미합니다. 교회의 모든 진리를 거짓으로 파괴합니다."

나는 "거짓은 정말로 있어서는 안 되겠군요?"

비는 "네, 이집트 땅에 천둥소리와 함께 우박이 쏟아졌습니다. 그 의미는 거짓에 홀린 마음 상태를 의미합니다." (출9:23).

나는 "아합 왕의 통치하던 때에 비가 오지 않았다고 했는데 같은 의미인가요?" (왕상17장).

비는 "천국에서 오는 진리를 받지 않았음을 의미합니다."

나는 "인간들이 악해서 천국에서 오는 진리를 마음으로 받지 않는 모습이 안타깝습니다. 그러면 하늘로부터 먹을 것을 비 내리듯 하겠다는 말은 무슨 의미이지요?" (출16:4).

비는 "먹을 것을 비 내리듯 하겠다는 뜻은 주님께서 마음속에 천국의 선을 주시겠다는 것을 의미합니다. 먹을 것은 영혼의 양식입니다. 즉, 선을 의미합니다."

나는 "번개를 치신다는 말은 무엇을 의미하지요?" (시135:7).

비는 "번개가 번쩍하면 온 세상이 밝아집니다. 마찬가지로 진리의 빛은 온 세상을 밝게 빛나게 합니다."

나는 "주님은 토지에 이른 비, 늦은 비를 줄 것이라고 하셨고(신11:14), 이른 비를 적당하게 주신다고 하셨습니다." (욜2:23).

비는 "이른 비와 늦은 비는 천국의 축복을 의미합니다. 비는 진리를 의미하기 때문입니다. 그러니까 진리를 통해서 사람들 마음속에 천국의 선이 태어나고 자라고 열매 맺습니다. 진리가 마음에 흘러들어 열매 맺고 번성합니다."

나는 "내가 때를 맞추어 내려주는 가랑비와 소나기가 복을 실어

다 주는 비가 되리라고 했는데, 같은 의미인가요?" (겔34:26).

비는 "그 말은 인간의 삶속에 풍성하게 주시는 신령한 복을 의미합니다. 주님으로부터 인간에게 흐르는 신성입니다."

나는 "주님으로부터 오는 신성한 진리이군요? 그래서 비 온 뒤 맑게 빛나는 구름 없는 아침이라고 했나요? 비 온 뒤라는 의미는 무슨 의미이지요?" (삼하23:4).

비는 "비온 뒤라는 말은 진리를 영접한 후라는 뜻입니다. 진리를 영접한 상태를 구름 없는 아침이라고 말했습니다. 고대인들은 아침을 지각할 때 마음의 아침 즉 천국 원리로 지각했습니다. 그래서 주님의 강림을 아침이라 불렀습니다. 그러나 반대로 구름에게 포도원에 비를 내리지 말라고 명령한 구절도 있습니다. 이는 사람들이 천국 진리를 영접하지 않는다는 의미입니다." (사5:6).

나는 "진리를 영접하지 않는다면 결국 무엇만 남게 되나요?"

비는 "당연하게 진리를 믿지 않으면 거짓만 남게 됩니다(사4:6). 비는 신성한 진리를 의미하기 때문에 주님은 내 교리는 비 같이 아래로 흐른다고 하셨습니다." (신32:2).

나는 "하늘에서 내리는 빗물로 땅을 적신다...너희 땅에 가을비와 봄비를 철에 맞게 내려주신다는 말씀도 진리를 의미하나요?"

비는 "진리에는 교리가 들어 있습니다. 진리를 앎은 제대로 된 교리를 이해한다는 뜻입니다. 성경에는 이른 비와 늦은 비를 주신다는 의미는 영적으로 높은 단계에 있든지 그렇지 못하든지 간에 순수한 마음으로 진리를 얻고자 한다면 누구에게든지 차별 없이 주신다는 의미입니다."

나는 "이른 비와 늦은 비는 상태에 맞게 주신다는 의미인가요?"

비는 "잘 보셨습니다. 이른 비는 영적으로 깨어 있는 자가 진리를 받아들일 때를 의미하고 늦은 비는 아직 거듭나지 않은 사람이 진리를 받아들이는 경우입니다."

나는 "주님의 인자하심과 세밀하심이 놀랍기만 합니다. 그러면 소낙비는 어떤 상태인가요?"

비는 "때를 따라 소낙비를 내리되 복된 소낙비를 내리리라. 소낙비는 풍성한 진리를 의미합니다. 그로 인해 사람이 영적 눈이 뜨여진 상태를 의미합니다." (겔34:26).

나는 "나에게 그런 소낙비가 내렸으면 좋겠습니다. 신성한 진리를 충만하게 받아서 영적 눈이 뜨여지기를 원합니다. 진정으로 천국과 영적 세계에 대한 깨달음을 갖기를 원합니다."

비는 "왜 진리를 받고자 하시나요?"

나는 "나는 자신이 선한 일에 쓰임 받기를 원합니다. 이웃사랑을 실천하고자 합니다. 진리를 알지 못하는 이들에게 진리를 나눠 주고 그들을 천국으로 인도하고 싶습니다. 아! 나의 삶이 진정으로 그렇게 되기를 원합니다."

비는 "주님은 누구든지 진리를 알기를 원하지만 받아들이는 그릇이 순수한 의도를 가지고 바르게 살고자 하는 마음이 있느냐 하는 점을 보십니다. 소나기는 두 종류가 있습니다. 진리를 풍성하게 하는 소나기도 있지만 반대로 거짓이 소나기처럼 물밀듯이 밀려와서 마음을 온통 황폐하게 만드는 경우도 있습니다."

나는 "그렇군요. 그러면 어떻게 해야 하나요?"

비는 "너희가 내 규례와 계명을 준행하면 너희에게 철따라 비를 주리니 땅은 그 산물을 내고 밭의 나무는 열매를 맺으리라고 했어요(레26:3,4). 주님의 계명을 지키는 일에 힘써야 합니다. 너희가 나를 사랑하면 내 계명을 지킨다고 했어요. 계명을 지키고자 하는 마음이야말로 진리에 대한 순수한 의도입니다. 그러면 진리가 풍부하게 흘러 들어오게 됩니다."

비와 헤어지고

눈을 만나다

팔레스타인 지역에 눈이 내렸다는 두 차례의 기록을 보면 눈이 예사로 내렸던 듯싶다(삼하23:20, 대상11:22). 여호야다의 아들 브나야가 눈이 올 때에 구덩이에 내려가서 사자 한 마리를 쳐 죽였다는 내용이 있다(삼하23:20). 레바논 산 정상에 눈은 여름까지 녹지 않았고 헬몬 산은 만년설이 있었다고 한다. 유대인들은 그곳에서 얼음을 얻었다(욥38:29).

나는 눈에게 다가서서 말했다. "나는 마음의 세계에 다니면서 진리를 구하고 있습니다. 당신에 대해 말씀해 주시기를 바랍니다."

눈은 "구름의 물방울이 얼면 눈이 되어서 온 대지를 하얀색 이불로 덮습니다."

나는 "맞아요. 눈이 오면 온 세상이 깨끗해집니다."

눈은 "마치 온 세상을 덮는 옷감 같지요? 세상 만물을 감싸고 보호하는 것과 같습니다."

나는 "그러면 눈은 하나의 옷이네요?"

눈은 "맞습니다. 마음을 감싸는 인자한 의상입니다."

나는 "흰색 옷은 무엇을 의미하나요?"

눈은 "우리의 흰 빛은 순결의 상징입니다. 부활하신 주님의 옷이 눈같이 희다고 했습니다."(마28:3).

나는 "왜 옷을 희다고 하나요?"

눈은 "사람의 옷은 보호하는 진리를 표현합니다. 진리의 지식으로 보호하지 않으면 거짓에 빠질 염려가 있기 때문입니다."

나는 "막달라 마리아가 주님이 묻히신 무덤에 갔을 때 천사의 모습이 번개처럼 빛났고 옷은 눈같이 희었다고 했습니다."

눈은 "천사들은 권능의 주님을 의미하고 있습니다. 천사의 흰 옷은 영적 수준을 의미하고 천사들이 앉았던 돌은 진리를 의미합니다. 번개처럼 빛난 천사의 모습은 사랑을 의미합니다."

눈의 흰 빛은 순결과 광채의 상징이다(단7:9, 마28:3, 계1:14, 사1:18, 요19:30). 또한 뜨거운 모래 위에서 말라버린 눈 녹은 물은 불경한 자의 덧없는 멸망을 의미하고(욥24:19), 땅을 적시는 눈은 말씀의 능력에 빗대어 있다(사55:10).

주로 눈은 사랑의 열기에 녹아서 이웃사랑의 열매 맺도록 도와 줌으로 표현된다. "비와 눈이 하늘에서 내려서, 땅을 적셔서 싹이 돋아 열매를 맺게 하고, 씨 뿌리는 사람에게 씨앗을 주고, 사람에게 먹거리를 주고 나서야, 그 근원으로 돌아간다." (사55:10).

그러나 믿음만을 앞세우면서 십자가를 지지 않고 열매를 맺지 않는 사람은 산봉우리의 눈처럼 죽은 믿음이라고 말할 수 있다.

나는 "주님께서 길가에 무화과나무를 보시고 잎사귀 밖에는 아무것도 보이지 않았으므로 그 나무를 향하여 이제부터 너는 영원히 열매를 맺지 못하리라 하고 말씀하셨더니 무화과나무가 곧 말라 버렸다고 했습니다. 무슨 의미인지 아시나요?' (마21:19).

눈은 "믿음이 없는 사람은 문자 속에 속뜻이 담겨 있는 의미를 절대 알 수 없습니다. 다른 복음서에는 예수께서 무화과 열매를 기대하시고 그 나무에 접근하셨는데 열매가 하나도 없어서 실망하시어 그 나무를 말라 죽게 한 것으로 기록되어 있습니다."

나는 "주님은 무화과나무가 어떤지 알고 계시지 않나요?'

눈은 "당연히 알고 계십니다. 예루살렘으로 가는 길가에서 보신 무화과나무는 그분께서 교회에 거는 기대심입니다. 열매 없는 나무는 유대교회의 상태를 상징합니다."

나는 "유대교회는 어떤 교회인가요?'

눈은 "유대교회는 위선적으로 규례를 지키는 일에는 충실했으나 영적 진리에 대한 지식이 없는 교회입니다. 주님께서는 의의 열매를 맺는 교회를 원했지만 잎만 무성한 교회, 즉 열매 없이 주문 외우듯이 고백만 되풀이 하는 교회, 종교 지식만을 나열하는 교회를 보셨습니다."

나는 눈이 녹아 땅에 물을 대주어 나무가 자라서 열매를 맺는 것이 축복된 상태라는 사실을 깨달았다. 그러나 높은 산에 덮여 있는 만년설처럼 동식물이나 나무에게 아무런 보탬이 되지 않는 눈은 행함 없는 믿음을 가진 그런 상태이다.

나는 "위선자들은 어떤 상태인가요?'

눈은 "주님은 위선자를 두고 소경과 같다고 하셨습니다. 그래서 주님은 그대로 내버려두라고 말씀하십니다. 그 이유가 그들은 눈먼 길잡이들이기 때문이라고 하신 것입니다. 그들이 눈이 멀게 된 것은 무지가 아니라 의도적으로 진리를 왜곡시켜 야기된 것입니다."

눈과 헤어지고

빛을 만나다

나는 빛을 보았다. 인간 세상에 빛보다 더 귀한 것이 있을까? 빛이 있으면 온 세상과 사물이 환하게 보이고 넘어지지 않고 길을 분별하면서 걸어갈 수 있으며 멀리서도 소중한 사람을 알아볼 수가 있다. 빛은 영적으로 무엇을 의미하는가? 빛은 하나의 깨달음으로 사물을 인식하도록 할 뿐 아니라 사유하도록 하는 신비스러운 존재이다. 그러기에 이 세상 만물이 존재하기 전에 하나님은 가장 먼저 빛을 주셨다(창1:3).

내가 이렇게 생각하고 있을 때 내 옆에 있는 나그네가 내게 말을 건넸다. "무엇이 알고 싶으신가요?"

나는 "나는 진리를 찾으러 마음의 세계를 다니고 있습니다. 빛에 대해 말씀해 주시기를 바랍니다."

나그네는 "그런가요? 제가 아는 대로 말씀드리겠습니다. 보통 사람들은 빛을 영으로 이해했습니다. 그래서 강렬한 빛이 비춰면 영의 존재가 나타난다고 여겼습니다."

나는 "흔히 거룩하신 분이 나타나실 때는 밝은 빛으로 오신다고 이해하고 있습니다."

나그네는 "성경에도 주는 나의 빛이요, 나의 구원이라고 하였고 의인을 위하여 빛을 뿌린다고 하였습니다." (시97:11).

나는 "아! 그렇군요. 그러면 빛은 무엇인가요?"

나그네는 "음, 빛은 한마디로 생명입니다. 말씀 안에 생명이 있고 그 생명은 사람들의 빛이라고 하였습니다." (요1:4)

나는 "참으로 신비스럽군요? 생명은 무엇입니까?"

나그네는 "생명이라는 단어는 오묘한 단어입니다. 왜냐하면 창조자가 생명이기 때문입니다."

나는 "창조자가 생명이라면 생명은 창조할 수 없겠네요."

나그네는 "네, 엄격하게 말해서 생명은 창조될 수 없습니다. 우주만물이 창조되었지만 단지 생명은 주어질 뿐입니다."

나는 "생명이 주어진다고요?"

나그네는 "아버지께서 생명을 가지신 것같이 아들에게도 생명을 주시어 아들 안에 생명이 있게 하셨다고 했습니다." (요5:26).

나는 "아! 그렇군요. 좀 더 자세하게 설명을 해주세요."

나그네는 "하나님은 사랑과 지혜이십니다. 그러므로 영원한 사랑과 지혜가 하나 되어 영원부터 존재합니다. 마치 태양에서 열기와 빛이 하나로 존재하듯이 말입니다. 다시 말하면 사랑은 지혜의 생명이고 지혜는 사랑의 빛입니다."

나는 "그렇다면 생명은 빛으로 나타나나요?"

나그네는 "생명은 그 자체를 빛이 되게 합니다. 무한하신 분은 빛으로 옷을 입었다고 했습니다. 또한 요한은 생명이 사람들의 빛이라고 말하였습니다."

나는 "빛이 마음속에 비침은 생명이 주어진 것이네요."

나그네는 "그렇습니다. 빛은 어둠속에서 빛납니다. 그러나 사실 어둠은 빛을 이해하지 못합니다." (요1:5).

나는 "왜 그렇지요?"

나그네는 "만약 사람이 마음을 열어 빛을 받아들이면 빛은 마음의 높은 수준에서 낮은 수준까지 비출 수 있습니다. 그러나 마음을 닫으면 어둡게 됩니다. 결국 어둠은 빛을 깨닫지 못합니다."

나는 "그렇다면 마음 안에 빛을 비추어야 하겠군요. 빛이 마음 어디에 머물게 되나요?"

나그네는 "빛이 자연의 진리에 머무르면 과학이 됩니다. 만일 빛이 영적 삶의 진리에 머무르면 종교가 됩니다."

나는 "진리의 빛이 내 마음에 비추기를 바랍니다."

나그네는 "어떤 자는 밝은 태양빛으로 자기 앞에 펼쳐진 아름다운 광경을 보지만 어떤 자는 눈이 멀어 보지 못합니다. 빛에 따라서 낮이 되기도 하고 밤이 되기도 합니다."

나는 "그 말은 사람마다 깨달을 수도 있고 깨닫지 못할 수도 있다는 말이지요?"

나그네는 "그렇습니다. 순수한 마음으로 진리를 구하면 영적인 깨달음을 얻습니다."

나는 "순수한 마음이 아니라면?"

나그네는 "빛은 불완전하게 반사됩니다. 그래서 인간의 마음은 악으로 오염되어 어둠에 덮이고 맙니다."

나는 "어둠의 상태를 말하나요?"

나그네는 "빛은 어떤 마음의 상태에 비추는가가 중요합니다. 아무리 빛을 비추어도 마음이 공허한 상태라면 어두워질 수밖에 없습니다. 주님께서 세상에 오시기 전 인류의 모습이 너무나 어두워져서 흑암이 짙게 깔려있는 상태였습니다."

나는 "깨닫지 못하는 인간을 치료하는 길은 무엇인가요?"

나그네는 "빛을 받아들이는 것입니다. 주님께서 오셨을 때 흑암에 행하던 백성이 큰 빛을 보고 사망의 그늘진 땅에 거주하던 자에게 빛이 비친다고 했습니다(사9:2). 주님께서 이런 말씀을 하셨습니다. 나는 세상의 빛이다. 나를 따라오는 사람은 어둠 속을 걷지 않고 생명의 빛을 가진다고 말입니다."(요8:12).

나는 "세상의 빛이요?"

나그네는 "네, 주님은 자신을 세상의 빛이라고 말씀하셨습니다. 본래 세상은 진리를 수단으로 영원한 생명의 길을 가게끔 방향이 정해져 있습니다."

나는 "죄악된 인간들에게도 빛이 비춰나요?"

나그네는 "그분은 죄 있는 인간들에게 지혜로써 다가오십니다. 주의 말씀은 내 발에 등불이요, 길에 빛이라고 했습니다."

나는 "세상은 무엇을 말하는 건가요?"

나그네는 "세상이란 단어는 세상 사람뿐만 아니라 마음의 자연적 상태를 의미합니다. 세상은 빛을 비추는 영역입니다."

나는 "주님께서 나를 따라 오지 않는 사람은 어둠 속을 걷는다고 하신 의미는 무엇인가요? 마음 세계의 어둠인가요? 주님을 따르려면 어떻게 해야 되나요?"

나그네는 "주님을 따른다는 것은 거듭남을 의미합니다. 그 분이 하신 것같이 행동하고 그분이 지닌 성품으로 순종하는 것입니다. 만일 이렇게 한다면 절대로 어둠 속에 걷지 않습니다."

나는 "주님께서 열 두 시가 아니냐? 낮에 걸어 다니는 사람은 세상의 빛을 보기 때문에 걸려 넘어지지 않는다." (요11:10).

나그네는 "인간이 진리 가운데 걷는다면 어떤 위험도 두려워할 필요가 없습니다."

나는 "아무 것도 보이지 않으면 넘어질 수밖에 없지요."

나그네는 "낮과 밤, 빛과 어둠, 지식과 무지, 진리와 거짓은 서로 반대되는 상태입니다."

나는 "진리의 지식은?"

나그네는 "진리의 지식은 선한 길을 걷게 해줍니다."

나는 "세상에서의 삶은 천국가기 위한 준비기간 인가요?"

나그네는 "그렇습니다. 세상에서의 삶은 천국을 준비하도록 하는데 충분합니다."

나는 "천국을 준비하는데 한 번에 이루어질 수 있나요?"

나그네는 "인생이 100세까지 사는 분도 있습니다. 한순간으로 인생 전체를 평가할 수 있나요? 마찬가지로 점진적이고 계속적인 상태에 의해 구원을 이룹니다. 바울도 구원을 이루라고 하지 않나요?"

나는 "그러면 결국 빛이 영혼을 구원하는군요?"

나그네는 "네, 사람이 빛 가운데 산다는 것은 진리를 믿고 실천하는 것을 의미합니다. 동시에 영혼이 구원됩니다. 그래서 주님을 세상의 빛이라고 불렀습니다."

나는 "아! 그래서 주님께서 나는 세상의 빛으로 왔다. 그러므로 누구든지 나를 믿는 사람은 어둠 속에 살지 않는다고 하셨군요."

나는 인간의 어두움이 무엇인가를 생각했다. 어두움은 진리에 대한 무지를 말한다. 진리의 무지는 인간으로 하여금 자아만족에 도취되는 상태에 이르게 한다. 그러므로 진리에 대해 무지하면 모든 질서가 무너지기 때문에 어떠한 희망이 없다. 집이 무너지면 집을 짓기 위해 설계를 해야 하는데 설계 도면이 없는 것과 같다. 결국 영혼이 어둡게 되면 자포자기된 무질서의 변질된 신념이 자리를 잡는다.

나는 "태초에 하나님이 빛이 있으라고 하신 의미는 무엇인가요?" (창1:3).

나그네는 "우리의 영적 발달의 시작은 하나님께서 빛이 있으라고 말한 순간부터 시작됩니다. 태양의 빛이 몸의 눈을 위해 있듯이 영적 빛인 진리는 마음의 눈을 위하여 있습니다. 빛이 있으므로 우리의 눈이 제 구실을 할 수 있고 진리가 있으므로 우리의 마음이 제 구실을 하게 됩니다. 그리고 그 때에서야 우리는 더욱 앞으로 나아갈 수 있습니다."

나는 "그러면 빛이 오면 영적 성장이 시작되나요?"

나그네는 "인간이 거듭나면서 인식의 변화가 옵니다. 진리의 인식은 어떤 것이 선한지, 올바른 것인지를 분별합니다. 다시 말해서 자신이 전에 믿어왔던 선이 올바르지 않았다는 것을 깨닫게 됩니다. 그리고 처음으로 내가 죄인이라고 고백합니다."

나는 "당시에는 왜 분별력이 없었을까요?"

나그네는 "자신과 세상에 빠져서 자기만족을 추구하였기 때문입니다. 자기만족에 도취해 있으면 자신이 하는 짓을 모릅니다."

나는 "아! 그렇군요."

나그네는 "자기도취에 빠진 자들은 무지한 생각으로 타인을 지배하는데, 누군가 올바른 말을 하면 더욱 화를 내면서 강압적으로 누르고자 소리를 지르고 온갖 난동을 피웁니다."

나는 "아! 정말로 무섭고 안타깝습니다."

나그네는 "이런 자들은 언제나 자신의 입장에서만 판단합니다. 그리고 타인들이 자신을 무시한다고 욕설을 퍼부어 댑니다. 마치 검은 개가 사납게 짖어내는 꼴입니다. 이런 자들은 주변에 너무나 많이 널려 있습니다. 자기의 악행을 선으로 여기고 자신의 행위를 인식하지 못하는 불쌍하고도 사나운 자들입니다."

나는 "그런 자들의 모양이 어떤가요?"

나그네는 "이런 자들은 자아욕심에 붙들리어 살다보니 그들의 영혼은 돼지와 같다고 비유할 수 있습니다. 이들은 타인의 선을 이용해서 자기욕심을 채우고자 안달합니다. 남에게 동정심을 베풀 경우에도 실은 자기의 평판이나 체면을 생각해서 합니다. 이런 자들의 하는 짓을 보면 악랄하고 무섭습니다."

나는 "이들의 모습이 어떤가요?"

나그네는 "이들은 언제나 두 모습을 갖고 있습니다. 타인 앞에서는 아름답게 보이고자 하지만 마음 속에는 항상 앙심을 품고 두고 보자는 글이 새겨진 것처럼 행동합니다. 당장이라도 한 방 후

려칠 기세입니다. 이런 자들의 더럽고 미련하고 무분별하고 무자비한 행동을 보면 지옥의 악령을 연상시킵니다."

나는 "이런 자와 함께 살아가려면 어떻게 해야 하나요?"

나그네는 "어린 양이 이리와 함께 눕는다고 했어요. 어린양이 살기 위해서는 순진무구함을 유지해야 합니다."

나는 "그러면 이전에 믿어왔던 선이 선이 아니었다는 사실을 깨닫고 회개하면 거듭날 수 있나요?"

나그네는 "네 그렇습니다. 그리고 한 단계 더 나아가야 합니다. 주님만이 선의 근본이 되신다는 것을 알아야 합니다."

나는 "주님만이 선의 근본이라는 사실을 어떻게 알 수 있나요?"

나그네는 "주님은 선을 위해서 우리가 도저히 견디기 어렵고 참기 힘든 경험에 빠지는 것을 허용하십니다. 이런 허용은 모두 우리의 선을 위한 조치입니다. 이것을 믿을 수 있나요?"

나는 "주님의 섭리 말인가요?"

나그네는 "그렇습니다. 주님께서 우리에게 고난을 허용하시는 목적은 하나입니다. 우리의 선을 위해서입니다. 선은 진리의 열매이기 때문에 선한 열매를 얻고자 시험을 허용하십니다. 하나님을 사랑하는 자는 모든 것이 합력하여 선을 이룬다고 하지 않았습니까?(롬 8:28). 그러므로 우리에게 닥치는 시련을 섭리의 인도와 허용의 법칙으로 받아서 삶의 시련을 통해 선한 열매를 거두어야 합니다."

나는 "돌이켜보면 내 힘으로 살아온 것이 아니었습니다."

나그네는 "주님께 순종을 많이 하는 자들은 하나같이 똑같은 고백을 합니다. 자신의 발걸음을 주님께서 이끄셨다고 말입니다. 사실 선한 자의 발걸음은 여호와께서 인도하십니다."

나는 "혹시라도 자빠지거나 넘어져서 밑으로 내동댕이쳐졌을 때도 말인가요?"

나그네는 "주님께서 그 사람의 손을 붙들고 계십니다. 그래서 다윗은 이렇게 고백합니다. 저는 고민해 보지도 않고 당신을 저버렸지만, 이제는 당신의 말씀을 지키나이다 … 제가 괴로움 받음으로 당신의 규례를 배우게 된 것, 저에게는 더 없이 좋은 일입니다."

나는 인간의 어두움이 무엇인가를 생각했다. 어두움은 길을 잃어버린 상태이며 진리에 대한 무지이다. 진리의 무지는 자포자기와 자아만족에 도취되는 변질된 신념의 상태에 이르게 한다. 나그네와 헤어지고

바람을 만나다

바람이 불자 나뭇가지가 흔들거리고 시원한 느낌이 왔다. 히브리인들은 바람을 네 종류로 구분하였는데, 바람마다 특징이 있다. 북풍은 건조하고 차며 과일을 익도록 한다. 그래서 사람들은 북풍이 불기를 기원했다(아4:16).

동풍은 거친 들에서 부는 바람으로 사나운 바람이다(욥1:19). 남풍과 동풍은 열풍이 있는 뜨거운 바람이다. 주님께서도 남풍이 불면 더우리라고 하였다(눅12:55).

서풍은 습기가 있는 바람으로 겨울비를 내리는데, 농부들은 이 바람으로 곡식을 까부른다.

나는 바람에 대해서 알고 싶었다. 그래서 바람에게 말을 건넸다.

"나는 진리를 얻고자 마음의 세계를 다니고 있습니다. 당신에 대해 알려 주시기를 바랍니다."

바람은 "우리는 활동적입니다. 우리의 활동이 최고조에 이르면 태풍이 됩니다. 태풍의 위력을 아시지요? 집과 건물이며 모든 것이 한 번에 무너지거나 날아가 버립니다."

나는 "태풍은 피해만 주나요?"

바람은 "태풍은 자연으로 말하자면 꼭 있어야 할 기상현상 중의 하나입니다. 태풍이 불어서 바다 물이 뒤섞여 순환되게 함으로써 바다 생태계를 활성 시키기도 하고 대기 에너지를 옮겨서 지구의 온도 균형도 맞춰 주고 물을 공급함으로써 물 부족 현상을 해소하기도 합니다."

나는 "아! 그러고 보니 그렇군요. 마음의 세계에서 당신을 무엇이라고 말하나요?"

바람은 "우리는 자연 만물의 숨이며 땅의 호흡입니다."

나는 "숨이라고요? 자연만물이 숨을 쉬고 있다는 말인가요?"

바람은 "네, 인간들도 숨을 쉬어야 살지요? 숨은 인간들을 비롯한 모든 동식물의 호흡입니다. 성경에서 바람은 하나님이 하늘과 땅을 창조하실 때 수면위에 운행하게 하시는 영입니다."

나는 "그렇다면 하나님의 호흡이군요?"

바람은 "네, 하나님의 호흡은 영입니다. 하나님의 영은 존재하는 모든 것의 숨이요, 생명의 기운입니다. 그래서 성경에 바람을 숨이라고 했습니다(출15:10, 민11:31). 히브리어에도 바람과 영은 같은 낱말로 쓰였습니다."

나는 "창세기에 주 하나님이 코에 생명의 기운을 불어 넣으시니, 사람이 생령이 되었다고 했습니다. 무슨 의미인가요?"(창2:7).

바람은 "그분께서 사람의 코에 생기를 불어넣으신 것은 호흡을 의미합니다. 그래서 사람이 살아 있는 영혼이 되었습니다. 살아 있는 영혼은 영적 생명을 의미합니다. 영적 생명이 없다면 육체적으로 살아 있다고 하더라도 죽은 자에 불과합니다."

바람의 말을 듣고 나는 살아있는 영혼과 죽은 영혼을 비교해 보았다. 살아있다는 것을 무엇으로 알 수 있는가? 영혼이 살아있다는 유일한 증거는 진리의 삶이다. 진리의 삶은 주님과 이웃을 사랑하는 것이다. 그러므로 주님사랑과 이웃사랑의 영혼은 하늘의 천사와 교류하고 선이 가득하다.

그러나 죽어 있는 영혼의 증거는 자기만족에 목표를 두고 욕심이 가득하고 자만하며 정욕의 거미줄이 쳐있다. 그래서 온갖 더러운 벌레가 가득한 지옥의 상태를 연출한다. 결국 영혼이 죽은 자의 인생의 목표는 돈과 집, 외모치장, 과시, 의복, 자동차, 도박, 쾌락, 자기사랑 밖에 남는 것이 없다. 정작 그런 자들은 본인이 살아있다고 착각하지만 실상은 죽은 자이다. 이는 진리가 없기 때문이다.

나는 "노아 시대에 40주야로 비가 내려 홍수가 났을 때 바람이 불어 물이 마르게 되었습니다."

바람은 "노아와 식구들이 새 땅에 정착할 때 땅위에 바람이 불어 물이 말랐습니다. 그렇게 해서 노아가 땅위에 번성할 수 있었습니다."(창8:1).

나는 "바람이 분다는 것은 무엇을 의미하나요?"

바람은 "하늘의 진리의 영이 왔다는 뜻입니다. 그래서 거짓의 홍수를 마르게 하였습니다."

나는 "당신은 언제 어디서나 쉬지 않고 운동을 하는군요?"

바람은 "사람의 몸은 쉬지 않고 운동을 하지요? 자연도 마찬가지 입니다. 자연도 운동을 해야만 생명을 유지합니다. 운동은 힘을 생성하며 힘은 바람을 통해 전달됩니다."

나는 "그러니까 바람은 우주의 기본 동력이군요."

바람은 "그렇습니다. 숨 쉬고 살아있는 동력입니다."

나는 "그러면 우리는 그 동력으로 살아가고 있다는 말인가요?"

바람은 "잘 보셨습니다. 성경에 주님은 천사를 바람같이 쓰신다는 말을 들어 보셨나요? 천사들은 사람의 마음에 생동적인 원리를 주는 바람과 같은 존재입니다."

나는 "생동적인 원리를 준다고요?"

바람은 "천사는 인간의 생각을 진리에 순종하도록 이끕니다. 바람은 사랑을 실천하는 호흡입니다."

나는 "그렇다면 마음속에 사랑의 동력이 작동되는군요?"

바람은 "주님을 사랑하는 자들은 힘을 다해서 사랑의 고백을 하늘 높이 쏘아 올립니다. 그러면 하늘에서는 바람으로 화답하여 삶속에 적용되도록 합니다."

나는 "아! 그렇군요. 어떻게 하면 새로운 삶에 들어갈 수 있나요"

바람은 "먼저 이기심을 버려야 합니다. 이기심을 버리면 아집의 대기권을 벗어나서 영적 대기권에 들어갈 수 있습니다. 우주선이 대기권을 벗어나듯이 아집을 탈출해야 합니다. 새로운 대기권에 들어가면 자아애가 죽는 순간이 옵니다. 이 때가 새로 태어나는 거듭남의 시작입니다."

나는 "아! 그렇군요. 자아애가 죽는다는 것은 무엇을 말하나요?"

바람은 "흠, 자아애가 죽는 상태는 이기심을 버리는 데서 시작합니다. 바울도 날마다 죽는다고 말했습니다. 연을 날리다 보면 처음에는 잘 날지 못하지만 어느 정도 창공에 올라가면 바람이 불기 때문에 잘 날라 갑니다."

나는 "그렇게 말씀해 주시니 이해가 되는군요."

바람은 "세속에 찌든 영혼들은 자아의 대기권을 탈출하지 못합니다. 그래서 짐승처럼 땅만 바라보고 살아가는 인간들이 얼마나 많은지요? 세속을 벗어나기 위해서는 한 눈팔지 말고 진리의 조종키를 잘 붙잡고 선을 향해 움직여야 합니다."

나는 "아! 그것은 진정 제가 바라는 삶입니다."

바람은 "하늘의 영공을 날아가는 나그네는 사방에서 불어오는 주님의 숨결인 영의 바람을 받으며 상승합니다"(계7:1).

나는 "성경에 누구든지 물과 성령으로 나지 않으면, 하나님의 나라에 들어갈 수 없다. 너희가 다시 태어나야 한다고 내가 말한 것을 너희는 이상히 여기지 말라. 바람은 불고 싶은 대로 분다. 너는 그 소리는 듣지만, 어디에서 와서 어디로 가는지는 모른다. 성령으로 태어난 사람은 다 이와 같다고 했어요."(요3:5,7,8).

바람은 "다시 태어남은 거듭남을 의미합니다. 사람이 진리를 믿고 순종한다면 거듭나게 됩니다. 거듭나는 진리는 주님에게서 옵니다. 바람은 불고 싶은 대로 불고 그것이 어디에서 와서 어디로 가는지 모른다고 했습니다. 바람은 생명을 얻는 진리의 영을 의미합니다."

나는 "바람이 어디서 오고 어디로 가는지 알 수 없다는 말은 무슨 의미이지요?"

바람은 "사람은 알 수 없습니다. 왜냐하면 사람은 언제나 세상적이고 자연적인 생각을 하기 때문에 그 소리를 듣지만 어디에서 와서 어디로 가는지는 모릅니다."

나는 "아! 세상에 살아가는 우리 인간으로서는 영적 세계를 도저히 알 수 없군요. 신비롭기만 합니다."

바람은 "네, 그러나 분명한 것은 바람은 생명을 가지다 주는 진리라는 사실입니다."

나는 "하기는 진리가 있어야만 거듭날 수 있지요."

바람은 "그렇습니다. 진리가 있어야만 인간이 거듭날 수 있고 생명을 갖게 됩니다. 주님께서 말씀하신 바람은 거룩하고 신성한 진리를 의미합니다. 진리를 통해서 생명을 얻는다는 말씀입니다. 그분은 그분의 보물 창고로부터 바람을 가져 오신다고 했습니다. 천국에서 주시는 영적 생명을 의미합니다."(시135:7).

나는 하늘을 우러러 다음과 같은 기도를 했다. "내 안에 하늘나라의 기운이 불어옵니다. 그 기운은 천사의 힘입니다. 만일 마음 속에 하늘의 바람이 없이 정욕의 거미줄이 쳐있다면 더러운 곤충은 나를 공격할 것입니다. 주님! 내게 하늘의 바람을 불어 숨을 쉬게 하소서."

나는 "주의 콧김으로 물이 쌓인다고 했습니다. 그 의미는?"

바람은 "주의 콧김은 천국의 바람을 의미합니다. 천국의 바람은 생명의 숨입니다. 성경에 주님은 바람으로 숨을 쉬셨다고 했습니다. 주님께서 천사들과 현존하신다는 말씀입니다."

나는 "부활 후 주님께서 제자들에게 오셔서 숨을 내쉬시고 성령을 받으라고 하셨습니다. 설명해 주세요."(요20:21,22).

바람은 "주님께서 숨을 내쉬시고 성령을 받으라고 하심은 여호와께서 아담의 코에 생명의 기운을 불어 넣으신 것과 같은 뜻입니다. 성령은 진리의 영이므로 진리를 따르는 자들에게는 생명이 존재합니다."

나는 "주님의 숨을 받으면 어떻게 되나요?"

바람은 "천국의 성품을 갖게 됩니다. 사람은 천국 숨을 쉴 수 있는 자와 천국 숨을 쉴 수 없는 자로 나눌 수 있습니다. 그러므로 하나님의 백성은 숨 쉬는 것으로 알 수 있습니다. 숨은 생명이라고 했지요? 천사들은 생명이 있으므로 천국에서 숨을 쉴 수 있습니다. 반면에 천국에서 숨을 쉴 수 없는 자가 있습니다. 그들은 질식 상태에 있으므로 지옥의 고통과 괴로움을 당합니다."

나는 "아! 위대합니다. 그러면 바람을 나쁜 의미로 쓰여진 경우도 있나요?"

바람은 "주님께서 바람을 꾸짖으셨습니다. 그 이유는 지옥에서 불어왔기 때문입니다." (막4:39).

나는 "아! 그렇군요. 지옥의 바람은 어떤 바람입니까?"

바람은 "네, 지옥의 바람은 시험을 의미합니다. 시험의 바람이 불면 진리가 파멸됩니다. 그런 바람을 시편에는 폭풍이라고 했습니다(시107:25, 시11:6). 또한 주님은 집을 강타한 바람이라고 하셨는데(마7:27), 이런저런 생각으로 불거지는 시험을 말합니다. 계시록에는 큰 바람에 의해 흔들렸다고 했습니다(계6:13). 그 의미는 진리가 아니고 추론이기 때문입니다."

나는 "주님께서 바람을 꾸짖으시고 바다더러 고요하고 잠잠하라고 말씀하시니 바람이 그치고, 아주 고요해졌다고 했습니다."

바람은 "주님은 시험을 잠잠하게 하시는 분이십니다. 주님께서 바람과 성난 물결을 꾸짖으시니, 바람과 물결이 곧 그치고 잔잔해졌습니다." (눅8:23,24).

나는 "시험이 닥치면 너무나 두렵습니다. 주님만이 성도들의 영적 시험을 잠잠케 하시지요? 다른 방법이 없나요?"

바람은 "그렇습니다. 시험으로부터 구원받을 수 있는 길은 주님께서 잠잠케 해주셔야 합니다. 바람이 세차게 불고 물이 배를 때리고 배에 물이 가득 찼다는 말씀은 거센 시험을 의미합니다. 그래서 제자들은 두려움에 빠졌습니다. 그때 주님께서 바람을 꾸짖고, 성난 물결을 꾸짖으시니 바람이 그치고 거친 파도도 잠잠해졌습니다."

나는 "성난 물결의 의미는 무엇인가요?"

바람은 "태풍이나 성난 물결은 마음속에 거짓이 범람한 상태입니다. 바람과 성난 물결을 향해 꾸짖음은 거짓을 멈추게 하시는 명령입니다."

나는 "사람의 마음속에 그런 바람이 부나요?"

바람은 "네, 그렇습니다. 거짓의 바람이 불면 그나마 가지고 있던 진리가 뿔뿔이 흩어집니다. 마치 요나에게 뜨거운 동풍이 불어오자 그는 기력을 잃고 죽기를 자청했습니다. 반면에 주님의 영이 불어오면 선한 자들은 생기를 얻습니다."

나는 "뜨거운 동풍은 어떤 바람인가요?'

바람은 "동풍은 동쪽에서 불어오는 바람입니다. 흔히 동쪽을 표현할 때는 선을 의미합니다. 예를 들어 주님께서 밤새도록 강한 동풍으로 바닷물을 뒤로 밀어내시니 바다가 말라서 바닥이 드러났다고 했습니다(출14:21). 거짓을 밀어내는 동풍입니다. 그러나 반대 의미를 말할 때는 메뚜기 떼를 몰고 온 동풍이라고 표현합니다(출10:13). 이는 온통 자아의 거짓에 감염된 상태를 의미합니다. 여기서 동풍은 지옥에서 불어오는 바람입니다. 그런 바람은 냉혹한 폭풍처럼 파괴적입니다."

나는 "아! 동풍이 두 가지 의미가 있군요."

바람은 "동쪽이 주님 사랑을 의미하지만 반대되는 의미로는 자아 사랑을 의미합니다. 그래서 선지자 이사야는 시험으로 인해 완전히 무너진 상태를 동풍 부는 날이라고 말했습니다." (사27:8).

나는 "동풍과 같은 시험을 자세히 설명해 주세요."

바람은 "동풍이 바다 한가운데서 두로의 배를 파선시켰고(겔 27:26), 동풍에 파산된 다시스의 배도 있습니다." (시48:7).

나는 "동풍에 모든 것이 파괴되었군요."

바람은 "계시록에 네 천사가 땅에나 바다에나 각종 나무에 바람이 불지 않도록 땅의 네 바람들을 붙잡고 있다는 구절이 있습니다(계7:1). 천사가 땅의 네 바람을 불지 못하도록 붙잡았다는 것은 주님께서 거짓을 억제하신다는 의미입니다. 한마디로 절제를 의미합니다. 주님께서 거짓된 영들의 생각을 막으신다는 것은 그만큼 그것들이 영혼을 파괴하는 힘이 강한 것을 아시기 때문입니다. 그래서 선한 사람이 악한 생각으로 해를 입지 않도록 하시기 위해서입니다."

나는 "시험의 바람이 불어와 밤새도록 쓸데없는 생각에 시달리는 경우나 배우자의 선한 동기를 의심하면서 본인도 고통스럽게 살아가는 경우를 보았습니다. 심한 자는 그런 소리가 귀에 들려오기도 합니다. 이 모든 것이 생각이 주는 위험한 폐해인 것을 압니다. 얼마나 위험한 것이면 주님이 직접 나서겠어요? 땅이나 바다나 모든 나무는 무엇을 말하지요?"

바람은 "사람의 마음속 지각과 깨달음을 의미합니다."

나는 "그렇군요. 사람의 마음속에 거짓된 영이 불어오면 온통 영혼을 파괴하고 무너뜨리게 되지요. 정말로 무서운 일입니다. 땅의 네 모퉁이에 서 있는 네 천사들이 붙잡아 주시지 않으시면 견딜 수 없습니다. 아! 주님의 도움이 더욱 절실합니다."

바람은 "천사가 붙잡아 주신다는 말은 교회를 지켜 주신다는 의미입니다. 땅의 네 모퉁이는 교회입니다. 네 모퉁이는 동서남북을 말하는데, 전체 상태를 의미합니다. 다시 말하면 동쪽은 선한 상태를 말하고 서쪽은 상대적으로 선이 약한 상태입니다. 남쪽은 진리의 상태를 말하고 북쪽은 진리가 상대적으로 어두운 상태를 의미합니다. 모두 교회를 뜻합니다."

나는 "마음속 교회인가요? 땅도 여러 가지 종류가 있지 않나요?"

바람은 "네, 교회의 범위가 넓습니다. 적게 말해서 마음에 진리가 있다면 교회입니다. 천사들이 살고 있는 땅을 생각해 보세요 얼마나 아름다울까요? 혹시 아름다운 여행지의 풍경을 보고 감탄하신 적이 있나요? 천사들이 사는 곳은 낙원, 정원, 꽃밭, 궁전 등과 같이 천국의 형체를 드러냅니다. 그곳은 마음을 즐겁게 합니다. 반대로 악령들이 살고 있다고 생각해 보세요 그곳은 길 가, 습지나 웅덩이, 사막이나 불모지입니다."

나는 "찬송가 가사에 황무지가 장미꽃같이 피는 것을 볼 때에 구속함의 노래 부르며 거룩한 길 다닌다고 했습니다. 내 인생 길목이 그런 기쁨과 즐거움이 있기를 원합니다. 그러나 그간 내가 살아왔던 삶의 흔적을 보면 내 자신이 뭐든지 성급하고 무지하여 너무나 많은 실수를 하였습니다. 어쩌면 좋을지 모르겠습니다. 이런 나의 모습도 살아날 수 있을까요?'

바람은 "그럼요. 가능합니다. 에스겔 골짜기에 바람이 사방에서부터 불어와서 뼈들이 살아났다고 했습니다(겔37:8,9). 마른 뼈는 영적 생명이 없는 자들을 의미합니다. 그러나 바람이 불어서 마른 뼈가 살아났습니다. 사방에서부터 바람이 불어서 뼈가 살아나게 하라는 말씀은 주님의 호흡을 뜻합니다."

나는 "아! 그렇군요. 주님의 호흡인 바람에 대해서 많은 공부를 했습니다. 주께서 내 음성을 들으셨으니 내 숨소리와 내 부르짖음에 주의 귀를 감추지 마옵소서라고 하였습니다. 그 의미를 가르쳐 주세요." (애3:56).

바람은 "숨소리는 생명의 진리를 의미하고 부르짖음은 선의 갈망을 의미합니다. 귀를 감춘다는 말은 생명이 없다는 말씀입니다. 주님께 우리의 예배와 기도를 받아 달라는 탄원입니다."

바람과 헤어지고

구름을 만나다

구름은 하늘에 떠다니는 작은 물 알갱이다. 나는 하늘에 떠있는 구름을 보면서 대화를 건넸다. "나는 마음의 세계에 다니면서 진리를 구하고 있습니다. 당신에 대해 알려 주시기를 바랍니다."

구름은 "우리는 비의 근원이 됩니다. 또한 태양의 빛이 우리를 거쳐서 사람과 동식물에게 부드럽게 다가갑니다."

나는 "당신은 태양의 햇볕을 부드럽게 만드는 필터역할을 하는 군요. 성경은 당신에 대해서 무엇이라고 말하나요?"

구름은 "성경에서 구름은 하나님의 권능과 지혜를 나타내기도 하며(시135:6,7), 하늘의 구름(단7:13), 하늘의 창(창7:11), 하늘의 병(욥 38:37), 하나님의 누각(시104:3,13) 등으로 표현했습니다.

나는 "마음의 세계에서 당신은 무엇을 뜻합니까?"

구름은 "마음의 세계에서 문자적 진리를 의미합니다. 인자가 구름을 타고 능력과 큰 영광으로 오는 것을 보리라고 했습니다(마 24:30). 인자는 주님을 의미합니다. 인자가 구름을 타고 오신다는 의미는 문자를 통해서 영적인 진리를 밝히 보여주실 것을 말씀하신 것입니다."

나는 "다른 구절에도 그런 의미가 있나요?"

구름은 "시편에는 구름들을 타시는 그분을 찬송하라고 했습니다(시68:4). 그 뜻은 말씀의 영적 의미를 인간이 깨닫게 됨을 의미합니다. 또 여호와의 영광이 구름에서 보여졌다(출16:10)는 말씀이 있는데, 주님의 진리가 현존함을 의미합니다."

나는 "뜨거운 태양의 햇볕을 구름이 막아주면 시원합니다."

구름은 "태양의 햇볕이 구름을 통과함은 주님의 사랑과 지혜가 문자를 통해서 드러나는 것을 의미합니다. 구름은 문자적 진리를 의미합니다. 어떤 사람이 성경을 문자 그대로 이해한다면 그는 구름 안에 머물러 있다고 할 수 있습니다."

나는 "구름도 상태에 따라서 여러 종류가 있지요?"

구름은 "구름은 상태를 의미합니다. 예를 들어 옅은 구름은 빛이 선명하게 비춥니다. 만일 사람이 진리를 깨닫고 선을 행한다면 그는 옅은 구름의 상태라고 할 수 있습니다. 그러나 진리를 알지 못하는 사람들의 경우는 짙은 구름입니다. 또한 진리에 대해 무지하거나 거짓된 상태는 검은 구름이라고 할 수 있습니다. 거짓된 양심이라고 할 수 있습니다."

나는 "구름은 사람의 마음속에 나타나는 거군요?"

구름은 "네, 주님께서 모세에게 빽빽한 구름 안에서 너에게 갈 것이라고 했고(출19:9), 무거운 구름이 산 위에 있었다(출19:16)고 했습니다. 시내 산에 있는 모세에게 여호와의 영광이 나타난 이유는 모세는 율법의 대표이기 때문입니다. 빽빽하고 어두운 구름은 마음속에 거짓이 휘감고 있는 상태를 의미합니다. 무거운 구름이 산 위에 있다는 것은 어둠의 상태를 의미합니다."

나는 "주님께서 변화 산에서 제자들과 같이 있을 때 변모하셨습니다. 그 때 베드로는 저희가 여기서 지내면 좋겠습니다! 하고 말을 했습니다. 베드로의 말이 채 끝나기도 전에 빛나는 구름이 그들을 덮었다고 했습니다. 무슨 의미이지요?"(마17:4).

구름은 "영광의 주님을 본 제자들을 덮은 구름은 빛나는 구름입니다. 구름은 마음 상태에 따라 어둡기도 하고 밝아지기도 합니다. 마음에 영적인 진리가 식별될 때 빛나는 구름이 됩니다."

나는 "그렇다면 제자들은 영적으로 깨어 있었겠군요."

구름은 "제자들이 깨어서 구름 속에서 소리를 들었습니다."

나는 "무슨 소리를 들었습니까?"

구름은 "이는 내 사랑하는 아들이니 너희는 그의 말을 들으라고 말입니다. 소리를 듣고 제자들은 두려워서 땅에 엎드렸습니다. 소리를 들음은 사랑이 의지에 들어간 상태입니다."

나는 영광의 주님을 본 제자들을 덮은 빛나는 구름은 무엇일까를 생각했다. 내가 이런 고민을 하고 있을 때 지나가는 나그네가 나의 고민을 알고는 이렇게 말을 했다. "성경에 여호와께서 구름에 강림하셔서 그와 더불어 서셨다(출34:5)고 했고, 천사가 구름을 입고 하늘에서 내려오는데 그 머리 위에 무지개가 있다(계10:1)고 했고, 흰 구름과 구름 위에 인자 같은 이가 앉아 계신 것을 보았다는 구절이 있습니다." (계14:14).

나는 "무슨 뜻이지요?"

나그네는 "종합적으로 말해서 거룩한 영이 문자적 진리에 오신다는 의미입니다. 구름 속에 소리가 나는 것은 문자 속에 영적 진리가 현존함을 의미합니다."

나는 "좀 더 자세하게 말씀해 주세요."

나그네는 "예수에게 내 사랑하는 아들이라고 말했지요? 아버지는 신성을 의미하고 아들은 인성을 의미합니다. 두 본성이 아버지와 아들의 관계입니다."

나는 "아버지와 아들의 관계가 신성과 인성의 관계이군요."

나그네는 "아버지와 아들의 관계는 사랑과 지혜의 관계를 의미합니다. 아들에게 내가 기뻐하는 아들이라고 했는데, 아버지의 기쁨이란 인성 안에 있는 신성의 기쁨을 의미합니다."

나는 "너희는 그의 말을 들으라고 한 의미는?"

나그네는 "영원한 생명을 얻고자 하는 자는 진리를 순종해야 한다는 의미입니다."

나는 "주님께서 노아에게 무지개가 구름 사이에 있으리니 내가 보고 나 하나님과 땅의 모든 생물 사이의 영원한 언약을 기억하리라고 하셨습니다." (창9:16).

구름은 "구름 속에 무지개가 있을 것이라는 말은 깊은 의미가 들어 있습니다. 그것은 구름의 상태에 따라 다르게 나타납니다. 비온 후에 맑고 화창한 구름 사이에 무지개가 나타납니다. 곧 인간의 상태를 의미합니다."

나는 "무지개는 무엇을 의미하나요?"

구름은 "무지개는 언약의 표시입니다. 주님께서 인간에게 무엇을 언약하시겠어요? 진리에 따른 삶을 살아간다면 영생을 얻게 하신다는 약속입니다. 한마디로 무지개는 거듭남입니다."

나는 "무지개가 그런 의미가 있었군요?"

구름은 "요한계시록에는 천사의 머리 주변에 무지개가 보였다고 했고(계10:1), 보좌 주위에 무지개가 있다고 했습니다(계4:3). 천사 머리 주위에 무지개가 있다는 말은 지혜의 말씀을 말하고 보좌 주위에 있는 무지개는 거룩한 사랑과 지혜를 의미합니다."

나는 "무지개의 색깔이 다채롭고 아름답습니다. 주님께서 보신다는 의미가 무엇이지요?"

구름은 "그 말은 인간의 거듭남의 상태에 따라 주님께서 현존하신다는 의미입니다. 거듭남의 정도에 따라 주님께서 함께 하신다는 약속입니다. 거듭나는 사람을 주목하는 말씀입니다."

나는 "아! 그렇군요. 사람들은 노아의 홍수를 단지 지구 전체를 덮은 쓰나미 정도로만 봅니다. 말씀속의 영적 의미를 알고 나니 이제야 풀리는 듯싶습니다. 홍수는 거짓이 마음을 지배함을 의미하는 것이네요. 반면에 무지개는 거듭나면 주님께서 함께 하신다는 약속이구요."

구름은 "하하! 총명하십니다. 그 말이 맞습니다. 무지개는 거짓에서 보호하시겠다는 주님의 약속입니다."

나는 "이스라엘 백성이 광야 길을 걸어갈 때 낮에 나타난 구름 기둥은 무엇을 의미하나요?'

구름은 "낮에 나타난 구름 기둥은 태양의 빛을 감소시킵니다. 태양의 온도는 6,000도라고 하지요? 만일 그 뜨거운 열기가 인간에게 모두 온다면 어떻게 되겠어요?'

나는 "만일 그렇다면 모두 타버리고 흔적도 남지 않게 됩니다."

구름은 "열기는 주님의 사랑을 의미합니다. 주님의 사랑을 죄악된 인간이 모두 받을 수는 없습니다. 그릇에 맞게 조절할 수밖에 없습니다. 성경에 폭양을 구름으로 가리움같이 포악한 자의 노래를 낮추리라고 했습니다(사25:4,5). 주님께서 그분의 사랑과 빛의 강도를 조절하시기 때문에 인간이 그 상태에 맞게 구원에 이를 수 있고 보존될 수 있습니다."

나는 "주님의 사랑을 더 받기 위해서는 어떻게 해야 하나요?'

구름은 "구름은 상태에 따라 여러 빛깔로 나타납니다. 깨달음이 높은 상태는 불꽃처럼 나타나고 조금 낮은 상태에서는 빛나는 흰 빛으로 나타나고 더 낮은 상태에서는 빽빽한 구름이나 흐릿한 구름으로 나타납니다. 마치 공기 중에 있는 미세한 먼지로 인해 세상이 흐릿하게 보이듯이 말입니다. 이처럼 주님의 거룩한 진리가 총명의 상태에 따라 여러 형태로 나타나게 되었습니다."

나는 "산 아래 있는 이스라엘 백성들과 시내 산 사이에 짙은 구름이 가렸다고 했습니다. 짙은 구름은 무엇을 의미하지요?"

구름은 "인간의 어두워진 심령을 의미합니다. 제자들이 깊은 잠 속에 빠진 것도 짙은 구름이 그들을 가렸기 때문입니다."

나는 진리의 깨달음의 정도에 따라 구름이 다르게 나타남을 알게 되었다. 깨달음은 무엇인가? 앎, 인식, 경험, 생각의 수준이다. 거기에 하나 더 덧붙인다면 '순진무구' 이다. 순진무구와 지식이 더해져 깨달음이 주어지기 때문이다. 깨달음은 마치 번개 치는 것과 같다. 번개가 번쩍일 때는 온 세상이 환하게 보인다. 그러나 깨닫지 못할 때는 온 세상이 어둠속에 갇히게 된다.

나는 구름에게 다가서서 질문을 던졌다.

"바다나 강물에서 물을 대기 속으로 끌어올려 구름이 형성된 것으로 알고 있습니다. 이런 자연 현상은 무엇을 뜻하나요?"

구름은 "기억의 바다에서 지식을 끌어 올리는 것을 의미합니다.

중요한 것은 그 사람이 무엇을 목적하느냐? 입니다. 목적은 곧 사랑입니다. 세상을 사랑하면 세상적인 지식을 끌어 올립니다. 그러나 주님을 사랑한다면 그에 맞는 지식을 끌어올립니다."

나는 "기억의 바다에서 지식을 이끌어내는군요?"

구름은 "목적에 따라 기억에서 지식을 끌어올립니다."

나는 "그렇다면 선한 목적이어야 하겠군요. 선한 것을 목적하면 거기에 맞는 기억이 떠오르게 될 테니까요."

구름은 "사람은 언제나 선한 목적을 가져야 합니다. 악한 목적을 가지면 악한 생각이 기억에서 올라옵니다."

나는 "그런데 늘 과거 이야기만 하는 사람이 있습니다."

구름은 "사람이 합리적인 깨달음이 약하면 과거 기억에만 의존합니다. 이런 자들은 머리 없는 얼굴처럼 기억에 의존하며 살아갑니다. 과거의 사건과 시간은 이미 사라졌습니다. 단지 현재 떠오르는 과거는 단지 상처난 기억일 뿐입니다. 이런 자들은 깨달음이 약하기 때문에 과거의 상처에만 매달릴 뿐입니다."

나는 "과거에서 벗어나는 길은 깨달음이라는 말씀이군요?"

구름은 "예를 들어 어려서 주일학교를 다녀서 많은 성경구절을 암송한 사람이 있다고 합시다. 그가 성경구절은 많이 알지만 진리를 깨닫고 따르고자 하는 마음이 없다면 어떻게 될까요?"

나는 "음, 그렇다면 진리가 진리 되지 못하게 될 것입니다. 다만 진리는 머릿속의 기억으로만 존재할 것입니다."

구름은 "그렇습니다. 그러므로 기억에는 반드시 합리성이 있어야 합니다. 기억과 합리성이 만날 때 선의 열매를 맺습니다."

나는 "만일 기억과 정욕이 만나면요?"

구름은 "그는 매사에 정욕을 목적으로 기억을 활용할 것입니다. 과거의 사건과 경험이 떠올라서 분노가 폭발하게 됩니다."

나는 "그러니까 주님을 사랑하는 사람은 자신의 선한 성품에 맞게 기억을 사용하고, 정욕을 목적하는 사람은 그에 걸 맞는 기억을 활용하는군요."

구름은 "네, 인간은 목적에 따라 무엇을 기억하느냐에 따라 행복해지기도 하고 불행해지기도 합니다."

나는 "흔히 과거 기억을 떠올리면서 상처받았다고 말하는 사람은 어떻게 도와주어야 하나요?"

구름은 "상처는 불행스럽다고 여기는 사건의 기록일 뿐입니다. 어떤 상담자는 상처받았다고 말하는 이에게 공감을 해주면서 당신은 피해자에 불과하고 문제는 부모에게 있다고 하면서 자기를 사랑하라고 강조하는 이들이 있습니다. 그러면 어떻게 되겠어요? 자신은 피해자라고만 여기면서 타인을 원망하고 자신에 대해서는 이기적이 되지 않겠어요?"

나는 "보통 심리학적 방법으로 그렇게 말하지 않나요? 자기를 사랑하라고 말입니다."

구름은 "그렇게 되면 인간은 자만심이 커지고 더욱 상처라고 부르는 과거 기억만 부풀리게 됩니다."

나는 "과연 그렇군요. 그렇다면 상처받았다고 하면서 과거 기억만을 떠올리는 이들에게 어쩌면 좋을까요?"

구름은 "인간은 기억을 어떻게 활용하느냐에 따라 행복과 불행으로 나뉩니다. 그러므로 어떤 기억을 떠올려야 하느냐 입니다. 행복한 사람일수록 현재의 문제만을 생각합니다."

나는 "아! 그렇군요."

구름은 "행복한 이들의 특징은 미래의 근심과 과거의 상처에 마음을 두지 않고 현재에 만족합니다. 이들은 과거에 빠지지 않고 미루지 않으며 현재에 충실 합니다."

나는 "아! 그렇다면 현재의 시간이 중요하군요."

구름은 "그렇습니다. 누구든지 과거에 대해 기억을 할 수 있고 미래에 대해 직감적으로 느낄 수는 있지만 주기도문에 날마다 일용할 양식을 달라고 하는 것처럼 그날그날 만족해야 합니다."

나는 "그러면 상처 치유의 원리가 있나요?"

구름은 "상처에서 벗어나려면 진리가 확대되고 선한 열매를 맺어야 합니다. 그리고 합리적 이성으로 진전해야 합니다."

나는 "합리적이 될수록 상처에서 벗어나게 되나요?"

구름은 "네, 그렇게 되면 지혜가 점차적으로 확대됩니다. 기억은 지혜가 꽃 피우는 모판이며 터전입니다. 상처라고 말하는 고통스런 기억에 깨달음을 통해 순진무구한 합리성으로 지혜의 꽃을 피워서 열매를 냅니다."

나는 "음, 마치 십자가를 통해 부활에 이르는 이치군요."

구름은 "그렇습니다. 인간은 아무리 고통스러운 기억일지라도 희망으로 만들 수 있는 힘이 있습니다. 그래서 사람은 마음먹기에 달려있다고 하지 않나요?"

나는 "그러면 마음속에 무엇을 활용하지요?"

구름은 "이해와 의지입니다."

나는 "창세기에 하나님이 궁창을 만드사 궁창 아래의 물과 궁창 위의 물로 나뉘게 하시니 그대로 되었다(창1:7)고 했습니다. 무슨 의미인가요?"

구름은 "성경을 제대로 알고자 한다면 영적인 의미를 이해해야 합니다. 물은 진리를 의미하고 궁창은 우리의 사고를 의미합니다. 궁창 위의 물은 감리교회 창시자 요한 웨슬리가 말한 선재적 은총에 의한 주님의 진리를 의미합니다. 궁창 아래의 물은 세상에서 습득한 지식을 의미합니다. 다시 말해서 사람에게 있는 두 종류의 지식이 있습니다. 하나는 세상에서 배우지 않은 선천적인 양심과 지각과 같은 지식이고 다른 하나는 살면서 습득한 후천적 지식입니다."

나는 "어떤 지식이 우선되는 지식인가요?"

구름은 "당연히 선천적 지식입니다. 물이 위에서 아래로 흐르듯이 하늘의 지식을 통해 세상지식을 습득하여 올바른 삶을 살아갑니다. 하늘에서 단비가 내려 곡식이 자라듯이 선천적 지식을 통해 세상 지식이 열매를 맺습니다. 그리하여 결국 깨달음이 열리고 행위가 바르게 됩니다."

구름과 헤어지고

우박을 만나다

우박은 큰 물방울이 공중에서 찬 기운을 만나 얼어서 떨어지는 얼음 덩어리이다. 우박은 고대 이집트에 내렸고(출9:24), 천둥과 번개를 동반하는 경우가 많은데 팔레스타인 지역에는 비와 폭우와 함께 내리기도 한다(시18:12-13). 성경에서 우박은 하나님의 원수들을 응징하시는 방편으로 등장한다(삿10:11).

내가 우박에 대해 알고자 하여 고민하고 있을 때 지나가는 나그네가 나에게 말을 건넸다. "무엇을 고민하십니까?"

나는 나그네에게 말하기를 "나는 마음의 세계를 다니면서 진리를 찾고자 합니다. 우박에 대해 아는 것이 있으면 말씀해 주시기를 바랍니다."

나그네는 "우박이 내리면 모든 농작물을 파괴됩니다. 성경에 우박은 진리를 파괴하는 거짓을 말할 때 쓰입니다,"

나는 "진리가 파괴된다고요? 무섭군요. 우박은 이집트에 내린 열 가지 재앙 중의 하나이지요?"

나그네는 "그렇습니다. 이런 재앙은 이집트가 세워진 이래 지금까지 없었다고 했습니다. 사람 위에, 짐승 위에, 들판의 모든 풀잎 위에, 모든 토지에 우박이 있다고 했습니다." (출9:22).

나는 "무슨 뜻이지요?"

나그네는 "이집트는 거듭나지 않은 자연적인 마음 상태를 의미합니다. 사람과 짐승에 우박이 내렸다는 것은 거짓이 쏟아진 상태를 의미합니다. 들판의 모든 풀잎과 이집트의 토지 위에 우박이 떨어진 것은 자연적 마음에 거짓이 쏟아진 것을 의미합니다."

나는 "거듭나지 않은 자연적 마음에 거짓이 들어와서 그나마 남아 있는 선과 진리 모두 파괴했군요. 거짓과 탐욕으로 인해 완전히 무너져 내렸군요. 비참한 마음 상태가 되었네요."

나그네는 "그렇습니다. 처절하리만큼 심각하게 무너진 상태를 의미합니다. 시편에는 우박과 불타는 석탄이라고 하였습니다. 그 의미는 인간이 탐욕으로 인해 악과 거짓이 마음속에 들어왔다는 의미입니다."

나는 "석탄에 불이 붙으면 강한 열기와 함께 시커먼 연기가 솟아 오릅니다. 그 화력이 대단합니다."

나그네는 "그렇습니다. 마음이 뜨거운 탐욕과 시꺼먼 거짓으로 까맣게 그을려 버렸습니다. 그을린 부분을 손으로 만져 보면 새까맣게 되고 맙니다."

나는 "인간의 마음이 그렇게 된다고 하니 너무나 답답하고 무섭습니다. 성경에는 우박 한가운데 불이 걷고 있었다고 했어요. 무슨 의미인가요?" (출9:24).

나그네는 "우박 한가운데 불이 걷는다는 의미는 거짓과 탐욕을 의미합니다. 탐욕을 가지고 거짓을 드러낸 것을 의미합니다."

나는 "혹시라도 정치인, 종교인, 교사, 사업하는 경제인이 탐욕을 가지고 거짓을 작동하게 되면 어떻게 될까요?"

나그네는 "그렇게 된다면 정치인은 백성들을 항상 억압하거나 속이고 종교인은 자기 이익을 위해 밥 먹듯이 거짓된 희망을 설교하고 교사는 아이들의 희망을 잘라버리게 되고 경제인은 돈으로 사람들을 기만하게 됩니다."

나는 "석탄이 타오르는 일은 부부간에도 있습니다. 자신과 가족을 위해 재물을 탐하여 일하는 자를 탐관오리라고 했습니다. 그런데 현대 부부간에도 탐관오리가 있습니다. 어느 부인은 재물에 욕심을 두고 남편을 속이는가 하면 남편도 역시 재물을 내놓지 않습니다. 둘은 이미 악한 마귀의 구덩이에 빠져버렸습니다."

나그네는 "그 말을 듣고 보니 더욱 한심하군요. 그런 자를 가만히 살펴보니 악한 마귀에게 속아서 탐욕으로 변덕 부리면서 혼란을 야기하고 있었습니다. 이미 거짓에 속아 영혼이 파괴되어 자신이 무엇을 해야 되는지 조차 알지 못하고 천지 사방으로 흩어진 쭉정이처럼 이리저리 방황하며 돌아다니고 더러운 열정에 깊이 빠져서 더 이상 회개할 수 없는 지경에 이르렀습니다."

나는 "맞아요 그렇습니다."

나그네는 "이미 귀신에게 찌들은 인생을 보는 것은 너무 고통스런 일입니다. 과연 소생할 수 있는지요? 주님이 간섭하지 않으면 악령의 밥이 되어 롯의 처와 같이 소금기둥이 되고 말 것입니다. 이 같은 자의 눈은 미움으로 이글거리고 얼굴색은 새파랗게 분노에 들떠 있었습니다. 모든 귀신이 한데 묶여서 그곳에 진을 치는 것 같았습니다. 이 같은 자의 머리에는 온갖 저주와 미움의 영의 바람이 소용돌이치며 맴돌고 있었습니다. 그러다가 순간 화산이 폭발하듯이 갑작스럽게 입에서는 온갖 비난과 욕설을 퍼부어댔습니다. 그러면서도 타인 앞에서는 자신이 천사라도 되는 양 남의 말에 변명거리를 붙여주면서 친절한 어투로 말을 하고 성실한 척 했습니다. 더러운 귀신에게 포로된 자의 모습을 보려니 그 역겨움이 이루 말할 수 없습니다."

나는 "그래서 성경에 우박이 내려오면 죽을 것이라고 했나요?"

나그네는 "왜냐하면 진리가 땅에 떨어져서 생명이 미약하게 간신히 숨을 쉬고 있는 멸망직전의 인간의 모습입니다."(출9:19).

나는 "무게가 한 달란트나 되는 우박이 천국으로부터 사람들 위에 떨어졌다는 말은 무엇을 말하지요?"(계16:21).

나그네는 "교회의 상태를 의미합니다. 진리가 파괴되면 교회에서 말하는 모든 교리는 하나의 변질된 이론이 되고 맙니다."

나는 "그렇군요. 우박을 내리리니 애굽 나라가 세워진 그 날로부터 지금까지 그와 같은 일이 없었다고 했어요."(출9:18).

나그네는 "우박이 거짓을 의미하는 이유는 차갑고 단단하고 사람과 짐승과 작물을 파괴하기 때문입니다. 우박은 재앙을 의미합니다. 지금까지 그와 같은 일이 없다고 말한 이유는 이미 진리가 바닥나서 없어진 상태라는 것을 강조한 말입니다."

나는 "우박을 재앙이라고 하는 이유는 진리를 파괴하기 때문이지요? 고센 땅에는 우박이 없다는 것은 무슨 의미이지요?

나그네는 "고센은 이집트 땅의 중앙이고 가장 좋은 지역입니다. 고센은 영적 교회를 의미합니다. 그래서 파괴되지 않습니다."

고센 땅은 이집트 가장 중앙에 위치하고 있다. 이집트가 자연 과학을 의미하는 바, 고센은 이집트 땅의 가장 좋은 지역이라는 뜻이다. 나는 한 가정에 진리가 없어질 때 어떻게 되는지를 보았다. 아버지가 진리 없으면 그 가정은 방향을 잃어버린 멍텅구리 배처럼 길을 잃어버리게 되고 그간에 쌓아두었던 모든 수고가 수포로 돌아간다. 또한 어머니가 진리를 잃어버리면 자녀들과 남편을 내팽개쳐 버리고 허황된 쾌락의 놀이를 즐겨서 급속도로 무너져 내린다. 아버지, 어머니는 가정의 중심으로 진리를 가지고 영적 고센에 머물러 있어야 한다. 만일 이런 일이 벌어진다면 자녀들은 마치 우박을 맞은 듯 충격을 받게 되고 큰 재앙에 휩쓸려 버린다. 우박이 떨어지면 남아 있던 농작물이 모두 짓밟힌 듯이 모두 망가져 버리고 만다.

나그네는 "요한계시록에 첫째 천사가 나팔을 부니 피 섞인 우박과 불이 나와서 땅에 쏟아지매 땅과 수목의 삼분의 일도 타 버리고 각종 푸른 풀도 타 버렸다고 했습니다."(계8:7).

나는 "무슨 뜻인지 설명해 주세요."

나그네는 "첫째 천사가 나팔을 분다는 의미는 교회의 상태를 검증한다는 뜻입니다. 나팔 부는 의미는 사람들을 불러 모은다는 뜻입니다. 마치 의사가 환자의 상태를 살펴보듯이 천사는 개인이나 교회의 상태 검증을 통해 선과 악을 체크합니다."

나는 "그 결과 어떤 진단이 나왔나요?"

나그네는 "진리가 변질되어 버렸습니다."

나는 "진리의 변질은 못쓰게 되었다는 뜻 아닌가요?"

나그네는 "피 섞인 우박과 불이 나와서 땅에 쏟아졌습니다."

나는 "자세히 설명해 주세요."

나그네는 "피 섞인 우박은 진리를 파괴시키는 거짓을 의미하고, 불은 탐욕입니다. 인간들의 마음 상태는 거짓과 탐욕이 아우러진 상태입니다. 천국과는 거리가 먼 상태를 하고 있습니다."

나는 "과연 그런 거짓은 어디에서 옵니까?"

나그네는 "거짓은 지옥에서 올라옵니다."

나는 "땅과 수목의 삼분의 일도 타 버렸다는 말은?"

나그네는 "지도자들의 모든 지각이 소멸되었다는 말입니다. 피

섞인 우박과 불이 나온 땅 다시 말해서 종교인들이 지각이 무너져 내린 것입니다. 수목은 진리의 지각을 의미합니다. 삼분의 일의 숫자의 의미는 진리 전체를 의미합니다."

나는 "종교인들이 어떻게 진리의 지각이 무너질 수 있나요? 그들은 신학교에서 배우지 않나요?"

나그네는 "신학교에서 지식적으로 배워서 하는 것이 더욱 문제가 됩니다. 경건은 자원함으로 겸손하게 헌신하는 것입니다. 주님을 사랑하지 않으면서 단지 지식으로만 설교하고 가르친다면 마치 우박 맞은 꼴이 되고 맙니다. 거짓된 상태가 됩니다."

나는 "아! 각종 푸른 풀도 타 버렸다고 했어요. 무슨 뜻인가요?"

나그네는 "믿음이 모두 소멸되었다는 의미입니다. 푸른 것은 생명이 있는 믿음을 의미합니다. 반면에 마른 풀은 이미 파괴되어 버린 상태를 의미합니다. 이사야서에는 이 백성은 실로 풀이로다 풀은 마르고 꽃은 시드나 우리 하나님의 말씀은 영원히 서리라 하라고 했습니다." (사40:6-8).

나는 "아! 그렇군요. 어떻게 종교인의 믿음이 소멸될까요?"

나그네는 "믿음이 없는 종교인의 모습을 본다는 것은 실로 역겨운 일입니다. 그들은 명예와 권력을 의지합니다. 그들은 교권을 가지고 휘둘러서 종교적 야욕에 젖어서 사람들 앞에서 자신이 얼마나 신과 가까운 지를 과시합니다. 이들은 남들에게는 법의 잣대를 들이대고 법을 어기면 종교적 정죄를 하면서 자신은 이기적인 편의에 따라 법을 초월하여 행사합니다."

나는 "그럼에도 사람들은 그들의 권위를 인정하고 존경합니다."

나그네는 '바로 그러한 점을 악용합니다. 자신들은 특별한 계급처럼 행세를 합니다. 이미 자신들은 주님과 가까운 존재임을 은근히 돋보입니다. 우습지 않나요?'

나는 "그렇군요. 듣다보니 갑자기 몸에 힘이 빠집니다. 애굽 나라가 세워진 그 날로부터 지금까지 그와 같은 일이 없었다고 했는데 무슨 의미이지요?' (출9:18).

나그네는 "애굽은 거듭나지 않은 자연인의 마음 상태입니다. 자연인들은 아예 진리를 모르기 때문에 파괴될 진리조차 없습니다. 진리의 개념이 없는 자들은 거듭나지 않은 상태를 유지하면서 말하기를 이렇게 사는 삶이 올바르다고 주장합니다."

나는 "그래서 주님께서 시험에 들게 마시고 다만 악에서 구하소서라고 가르쳐 주셨나요?"

나그네는 "시험에 들지 않는 것은 거짓 원리의 영향에서 구출되기를 바라는 마음입니다. 시험은 거짓된 영향력에 물든 상태입니다. 바늘도둑이 소도둑 된다는 말이 있습니다. 사람이 작은 거짓을 허용하다가 시간이 지나면서 아예 고칠 수 없을 만큼 거짓에 머물게 되는 경우가 많습니다. 그리고 스스로 거짓의 상태가 더욱 심해지면서 오히려 정당화하기까지 합니다. 만일 그런 습관을 없애지 않는다면 죄인 줄 알지 못하고 죄를 밥 먹듯이 하면서 살아갑니다."

나는 "좀 더 설명해 주세요."

나그네는 "음, 그건 알코올 중독과 같습니다. 처음부터 중독자가 되는 것이 아닙니다. 처음에는 사람이 술을 먹지만 그다음에는 술이 술을 먹게 되고 그 후에는 술이 사람을 먹게 됩니다. 결국 술에 삼켜 버리게 됩니다. 죄도 이와 같다는 말입니다."

나는 "그렇다면 처음부터 조심해야 하겠군요. 그래서 성경에 욕심이 잉태하면 죄를 낳고 죄가 장성하면 사망을 가져온다고 했군요. 혹시라도 시간이 지나면 제정신이 돌아오나요?"

나그네는 "시간이 지난다고 고름이 살이 되지 않습니다. 일단 시험에 빠지면 제정신이 들어야 할 때가 되었음에도 불구하고 미적거리다가 결국 악에게 노예가 되어 모든 것이 파괴되고 나서야 후회하고 울며 통곡하는 경우가 많습니다."

나는 "왜 시험의 징조가 왔을 때 깨닫지 못하는 걸까요?"

나그네는 "자만해서 그렇습니다. 또 자기 힘으로 극복할 수 있다고 자신만만해서 그렇습니다. 자기를 부인하지 않고서는 결단코 시험에서 벗어날 수 없습니다."

나는 "그래서 주님께서 제자들에게 다만 악에서 구해주옵소서! 라고 기도하라고 말씀하셨나요?"

나그네는 "결국 악이나 악마, 지옥은 하나입니다. 인간 영혼을 파괴할 때는 하나가 되어 행동합니다. 인간을 구원할 수 있는 권능은 오로지 주님밖에는 없습니다. 그러므로 강력하게 악에게 저항해야 합니다."

나는 "어떻게 저항하지요?"

나그네는 "먼저 주님을 사랑해야 합니다. 자기를 사랑하는 마음을 버려야 합니다. 자기사랑은 이기심의 근원지입니다. 이런 마음은 남을 지배하고 싶어 안달합니다. 그래서 자기 밑에 들어오지 않는 모든 사람을 향해서 미움과 적개심이 이글거립니다."

나그네와 헤어지고

기근을 만나다

나는 비가 오지 않아 논밭이 갈라진 땅의 모습을 보고 기근에 대해 알고자 했다. 나는 나 자신의 인생에 기근을 맞은 때를 생각해 보았다. 사실 나는 결코 되돌아가고 싶지 않은 기근의 시절을 거쳐 오늘에 이르렀다. 기근은 무엇을 의미하는가? 이렇게 내가 기근을 생각하고 있을 때 길을 가는 현자가 내게 말을 건넸다. "무엇을 생각하시나요?"

나는 그에게 "나는 마음의 세계에 진리를 찾으러 다닙니다. 당신이 기근을 알거든 내게 가르쳐 주시기를 부탁합니다."

그는 "마음의 세계에서 기근은 지식의 결핍을 의미합니다. 성경에 양식이 없어 배고픔이 아니요, 물이 없어 목마름이 아니라, 여호와의 말씀을 들을 수 없어 굶주림이라고 했습니다."(암8:11).

나는 "기근은 여호와의 말씀이 없는 상태를 의미하나요?"

그는 "네, 기근은 진리의 지식이 없어 어떻게 해야 할지 모르는 때입니다. 기근은 더 많은 진리가 필요한 때를 의미합니다."

나는 "진리의 지식이 없어서 배고픔과 갈증의 상태인가요?"

그는 "옳은 일에 주리고 목마른 사람은 행복하다. 그는 만족할 것이라고 했습니다(마5:6). 아브람이 기근을 만나서 이집트로 내려갔습니다. 그가 이집트로 간 이유는 영적으로 말하자면 지식을 얻고자 함입니다. 당시 이집트는 지식의 창고였습니다."

나는 "이집트는 풍요로운가요?"

그는 "이집트가 곡식이 풍부할 수 있었던 까닭은 나일 강의 풍부한 물과 토지가 비옥했기 때문입니다. 수확된 열매는 필요할 때를 대비해 창고에 꾸준히 저장되었습니다."

나는 "곡식이 풍부함은 무엇을 의미하지요?"

그는 "곡식이 풍부함은 영적으로 말하면 지식이 가득한 상태입니다. 당시 사람들은 기근이 들면 이집트로 가야만 곡식을 살 수 있다는 것을 알고 있었습니다. 그래서 아브람뿐만 아니라 요셉과 그의 형제들도 기근을 피해 이집트로 내려갔습니다. 그리고 주님 역시 어린 시절 헤롯 왕을 피해 이집트로 피신 간 경험이 있습니다. 성서의 이야기들을 깊이 묵상하면 이집트의 여행이 영적 생활에 있어서 무엇을 의미하는가를 알게 될 것입니다."

나는 "이집트의 여행은 무엇을 의미하나요?"

그는 "이집트 여행은 주님께서 우리를 위해 저장해 놓으신 진리의 지식을 획득함을 상징합니다."

나는 "주님께서 저장하신 지식을 얻고자 한다고요? 그래서 아브람이 이집트에 체류했나요?" (창12:10).

그는 "이집트와 체류란 단어를 생각해 보아야 합니다. 이집트는 지식을 뜻하고 체류는 가르침을 받는 상태를 의미합니다."

나는 "요셉의 경우에도 그런가요?"

나는 "요셉을 빠뜨릴 수 없습니다. 요셉이 이집트 땅을 다스릴 때 칠 년 동안 풍년이 들어 많은 식량을 창고에 거두어 들였고, 칠년 동안 흉년이 계속되어 온 세상에 기근이 들지 않은 나라가 없었을 때 이집트 온 땅에는 양식이 있었다고 했습니다."

그는 "우리는 주님의 방법을 배우는 풍족한 시기 곧 풍년의 칠년을 갖게 됩니다. 또한 우리의 무지함과 연약함을 인식하게 해주는 칠 년의 기근도 겪어야만 합니다."

나는 "누구에게나 풍년과 기근이 있다는 말이군요."

그는 "풍년기간 동안에는 가능한 한 주님의 진리를 많이 저장해 둔다면 기근 때 미리 저장해둔 주님의 진리를 끄집어내서 버텨낼 수 있습니다."

나는 "그러면 자녀들이 진리의 지식을 획득하도록 부모들이 도와주어야 하겠군요."

그는 "그렇습니다. 주님께서도 이 세상에 오셨을 때 이집트로 가신 적이 있습니다. 삶에 관한 지식의 획득이 우리의 삶에 있는 질서 중 하나임을 말해 줍니다."

나는 "주님도 어린 시절에 기억 속에 지식을 담아 놓으셨나요?"

그는 "주님께서 공생애 동안 성경을 인용하셨습니다. 주님께서도 우리가 성경을 암송하듯이 어린 시절에 배워 두셨습니다. 우리와 다른 점은 구약 성서의 모든 사항을 기억에 담으셨습니다."

나는 "어린 시절에 말씀의 지식을 담는 것이 중요하군요. 칠 년의 풍년은 주님에 관해서 배울 수 있는 기회를 의미하는군요."

그는 "배우는 시기는 누구에게든지 주어집니다. 우리는 어린 시절에 이미 모든 것을 배웠다는 말이 있지 않나요? 인생은 이 시기에 기억 속에 저장해둔 원리를 사용하면서 살아가는 삶입니다."

270

나는 "그러면 요셉은 무엇을 의미하나요?"

그는 "요셉이라는 의미는 진리를 사랑하는 마음입니다. 이집트에서 권력을 쥐는 요셉은 삶을 현명하게 이끄는 원리입니다."

나는 "바로가 꾼 꿈을 이집트의 마술사는 해몽하지 못했지요? 그들은 무엇을 의미하나요?"

그는 "이집트의 마술사는 자신의 이익만을 챙기려는 자를 의미합니다. 그들은 허울 좋은 논쟁을 좋아하는 자들인데 인생의 갈림길에 어떠한 해답도 줄 수 없습니다."

나는 "음, 인생의 어려운 문제를 만났을 때 진실한 해답을 얻으려면 어떻게 해야 하지요?"

그는 "주님은 제자들에게 내가 지금 너희에게 말했으나 때가 이르면 너희가 믿게 되리라고 말씀하셨습니다. 진리를 얻고자 하는 자에게는 상황에 맞도록 가르쳐주신다는 의미입니다."

나는 "상황에 맞도록 말인가요? 어떻게요?"

그는 "바로의 꿈을 마술사들이 해석할 수 없게 되자 술잔을 따르는 시종장이 갑자기 요셉을 상기했던 것처럼 말입니다."

나는 "아! 그렇군요. 시종장에 가장 적당한 때에 맞춰 나타났습니다. 시험을 당할 때 피할 길을 열어주신다는 말씀과 같네요. 마

치 이집트의 풍년을 위해 주님께서 미리 준비하신 것 같군요. 칠 년 풍년은 어떤 상태이지요?'

그는 "요셉이 다스리는 이집트의 칠 년간의 풍년은 진리를 열심히 배워 행하는 모든 상태를 의미합니다."

나는 "아! 그렇다면 기근의 불확실성을 이겨내기 위해서 풍년이 있어야 하겠습니다."

그는 "내 마음속의 기억 즉 풍년 곡식창고가 있다면 어떤 시험이 닥치더라도 주님의 선하심과 섭리에 관해 배운 것을 상기할 수 있습니다. 어려움이 닥칠 때마다 요셉의 곡식창고로 달려갑니다. 어린 시절에 습득되었던 기억된 진리가 삶을 주님의 질서에 일치되도록 현명하게 인도하게 됩니다."

나는 "아! 놀랍기만 합니다."

그는 "이것으로 끝이 아닙니다. 주님의 질서가 일상생활을 통치하더라도 세상적인 지식에서 자유로워질 수 없습니다."

나는 "아! 어렵군요. 그러면 요셉이 다스리는 이집트 체류기간이 끝나면 그 후에는 어떻게 해야 하나요?'

그는 "이집트를 벗어나서 사십 년의 광야 생활로 이어집니다."

나는 "아! 가나안에 가려면 광야를 통과해야지요?"

그는 "요셉이 가나안 땅으로 되돌아가는 데는 많은 세월이 소요됐습니다. 이집트에서 가나안에 이르는 길은 많은 연단과 고난을 통해서 연속적으로 거듭나는 길입니다. 그래야만 최종적으로 가나안에 정착이 됩니다."

나는 "아! 많은 부분을 깨달았습니다. 배울 수 있을 때 가능한 한 많은 진리를 익혀서 우리의 지성 속에 저장해 두겠습니다."

그는 "네, 바로가 요셉에게 하나님께서 너에게 이 모든 것을 알려 주셨으니 너만큼 슬기롭고 지혜로운 사람이 어디 있겠는가? 하고 말했다는 것을 잊지 말아야 합니다."

나는 "음, 어떤 사람은 젊은 시절에 진리를 거절하고 쾌락에 젖어 살다가 성인이 되어 영적 기근이 드는 경우를 보았습니다."

그는 "성인이 되어 영적 기근이 들었을 때 어린 시절에 비축된 영적 교훈을 떠올리게 됩니다. 그때 어린 시절의 배운 교훈을 잊지 않고 귀를 기울이면 인생의 방향을 잡을 수 있습니다. 그것은 마치 어린 시절 마음 속 요셉과 같습니다. 요셉은 우리 마음 밑바닥 어딘가에서 활동하고 있습니다. 우리가 요셉의 필요성을 인정하게 되면 우리를 위해서 닥쳐올 커다란 시련을 이겨내도록 준비해줄 것입니다."

나는 "아! 영혼의 기근을 당할 때 마음속의 요셉이 우리를 위해 비축해놓은 신령한 양식을 먹기를 원합니다. 그리고 영적 가나안으로 가기를 원합니다."

그는 "가나안에는 자아만족이라는 시험이 기다립니다."

나는 "자아만족이요? 스스로 높이는 건가요?"

그는 "오늘 여기까지 온 것이 주님의 은혜임을 잊어버립니다. 자기가 잘나서 된 줄로 여깁니다. 자신이 행한 선이 자신의 소유가 아니고 주님의 것이라는 사실을 잊어버립니다."

나는 "자아 공로주의 군요?"

그는 "자아 공로주의는 모든 고난을 거치고 성취한 후에 걸리기 쉬운 병입니다. 자기만족감에 도취된 상태입니다. 자신이 똑똑하고 잘나서 성취했다고 생각합니다."

나는 "그러면 요셉은 어떻게 했나요?"

그는 "요셉은 그의 형제들에게 하나님께서 우리의 목숨을 살리시려고 자신을 형님들보다 앞서 보내셨다고 말했습니다. 인간의 지혜로는 계속되는 기근을 예방할 수 없다는 고백입니다."

나는 "아! 주님께서 인도하셨음을 고백했군요. 기근에 대비하여 주님께서 준비하시는 것은 무엇인가요?"

그는 "주님께서 준비하신 첫 번째는 바로입니다. 기억의 우두머리는 바로입니다. 바로는 자연적인 지식을 다스리는 원리를 상징합니다. 주님께서 이 원리를 제일 먼저 계발하십니다. 그리고 바로는 다가올 고난을 예시하는 꿈을 꾸게 됩니다. 그 후에는 술 따르는 시종장이 요셉을 기억하여 요셉이 감옥에서 풀려나 바로 앞에 서게 됩니다. 이 모든 것은 주님께서 백성들의 구원을 위해 요셉으로 하여금 바로의 꿈을 해몽하도록 인도하셨습니다."

나는 "아 그렇군요. 주님의 인도의 시작은 바로의 기억을 깨우는 데서 부터이군요. 주님! 시기적절한 말을 가르쳐 주시고 기억나게 하사 깨우침을 주소서! 우리 마음속 요셉은 무엇입니까?"

그는 "요셉은 주님의 예표입니다. 그리고 연속적이고 점진적인 거듭남을 의미합니다. 기근을 위해 신령한 양식을 준비하시는 주님을 찬양합니다."

천국은 가루 서 말 속에 갖다 넣어 부풀게 한 누룩과 같다고 했다 (마13:33). 이는 세상에 생명을 주는 하나님의 빵으로 만들어지기 위해서는 반드시 발효 과정을 통과하여야만 한다. 그 과정 속에서 순수해져 영적 양식으로 준비되어야 한다는 것이다.

현자와 헤어지고

지진을 만나다

나는 지진이 무엇인지가 궁금했다. 지진은 지구 표면이 흔들리고 요동치는 현상이다. 지진은 화산 활동이나 암석 파괴로 일어나는 지각 변동이다. 내가 지진을 궁금하게 여기고 있을 때 길을 지나던 나그네가 내게 말을 건넸다. "무엇을 고민하십니까?" 나는 그에게 반갑게 인사를 하고는 "마음의 세계에서 지진은 무엇을 의미합니까?"

나그네는 "주님께서 난리가 일어나고 전쟁 소문도 듣게 될 것이다. 한 민족이 일어나 다른 민족을 치고, 한 나라가 일어나 다른 나라를 칠 것이며, 또 곳곳에서 기근과 염병과 지진이 일어날 것이라고 했습니다."(마24:6).

나는 "무슨 의미인가요?"

나그네는 "영적 전쟁으로 이해해야 합니다. 전쟁과 전쟁 소문은 분쟁이 심화되는 상태를 말하고 한 민족이 일어나 다른 민족을 친다는 의미는 악을 사랑하는 상태를 의미하고 한 나라가 다른 나라를 치는 것은 거짓을 신봉하는 상태를 의미합니다."

나는 "마지막 때의 징조로 분쟁과 악과 거짓을 말하는 건가요?"

나그네는 "그렇습니다. 그 결과 기근과 염병, 지진이 옵니다."

나는 "기근은 무엇을 말하지요?"

나그네는 "기근은 진리의 지식이 부족해진 상태입니다."

나는 "염병은?"

나그네는 "떼를 지어 거짓이 몰려드는 상태를 의미합니다."

나는 "지진은?"

나그네는 "상태의 변화를 의미합니다."

나는 "어떻게 변하지요?"

나그네는 "당신도 오늘날 세상뿐 아니라 교회도 변하고 있음을 느낄 것입니다. 더 이상 교회가 신성하거나 거룩하지 않습니다. 갈수록 본질을 잃어가기 때문입니다. 더 이상 사람들은 주님을 사랑하는 마음으로 본질적인 진리를 추구하거나 선한 삶을 살려고 하지 않습니다."

나는 "교회의 본질이 무엇입니까?"

나그네는 "교회는 주님과 이웃 사랑을 실천하는 전당입니다."

나는 "교회가 교회되지 못하는 이유가 무엇인가요?"

나그네는 "모두 거듭나지 못하고 이기적인 욕심에 휘둘려서 그렇습니다. 지도자들이 욕심이 극에 달해서 겉으로 꾸미기를 좋아하고 자기만족에 빠지고 교만으로 득세하고 있습니다."

나는 "아! 오늘날 사람들은 교회가 본질을 회복해야 한다는 말은 하지만 현실은 그렇지 못합니다. 올바른 삶이 가장 첫째 되는 예배임을 인식한다든가 양심 회복을 해야 한다든지 하는 것은 중요하게 여기지 않습니다. 그저 단순하게 믿으면 자동적으로 구원에 이른다는 말만 반복하고 있습니다. 어떤 분은 이미 구원열차에 올라탔으니 무슨 짓을 하든 관계없이 알아서 천국까지 도착하게 될 거라고 말합니다."

나그네는 "성경에는 어린아이같이 되지 않으면 결단코 천국에 들어갈 수 없다고 했습니다. 그러므로 순진무구 운동으로 돌아가야만 합니다. 이러한 변질은 이제 시작일 뿐입니다." (마24:8).

나는 "시작이라고요? 더 큰 일이 벌어진다는 그런 말인가요?"

나그네는 "사람들은 선하고 참된 진리를 배우려고 하지 않습니다. 전쟁의 소문이 들림은 논쟁이 벌어진다는 의미입니다."

나는 "그렇군요."

나그네는 "슬픈 일입니다. 종교가 잘못된 신학과 논리를 채택하여 변론하면서 자기주장을 펼치지만 결국 거듭나지 못한 자의 논쟁이란 상대방을 죽이려는 이기적 논리에 그치고 맙니다. 그들은 사람들의 비위를 맞추기에 급급합니다. 결국 어떻게 되겠습니까? 진리가 힘을 잃고 맙니다. 첫 번째 부패 현상입니다."

나는 "그 다음에는?"

나그네는 "진리를 뒤집어 버립니다. 말도 안 되는 거짓 논리를 가지고 역설하면서 사람들을 설득합니다. 진리는 저 멀리 내동댕이쳐 버립니다. 이것이 기근입니다."

나는 "진리의 기근이군요. 그 다음에는?"

나그네는 "종교역사를 보면 언제나 기근 뒤에 지진이 옵니다. 그 결과 고칠 수 없는 상태에 도달합니다."

나는 "지진은 영적 기근으로 인해 완전 부패되어 변질상태에 이른 것을 말하는군요?"

나그네는 "그렇습니다. 요한계시록에서도 큰 지진이 일어나고 해는 검은 머리털로 짠 천처럼 검게 변하고 달은 온통 핏빛으로 변하였다는 구절이 있습니다."

나는 "핏빛은 무엇입니까?"

나그네는 "피는 나쁜 의미로는 진리가 왜곡됨을 의미합니다. 달이 핏빛으로 변한다는 것은 믿음의 변질을 의미합니다. 성경에 해와 달이 어두워지고 별이 떨어지는 이유는 인간 마음이 부패되었기 때문입니다. 큰 지진이 있었다는 것은 교회의 상태가 완전하게 바뀌었다는 말입니다." (계6:12).

나는 "더 자세하게 설명을 부탁드립니다."

나그네는 "지진이 일어나면 산과 언덕과 땅이 침몰됩니다. 교회의 상태도 마찬가지로 변화의 징조가 나타납니다. 교회의 상태가 선에서 악으로, 진리에서 거짓으로 변질됩니다."

나그네는 "현대 교회 타락을 말하자면 한도 끝도 없습니다. 타락으로 인해 윤리 도덕이 뭉개집니다. 그리고 종교지도자들이 자만하고 독선에 빠집니다. 더욱 큰 문제는 선한 열매가 없습니다. 모든 것을 행정처리나 말로 합니다. 그래서 결국 주님의 사랑을 싸구려로 바꿉니다. 이것이 지진입니다."

나는 나그네의 단호한 말을 듣고 더 이상 그 부분에 대해 말을 꺼내지 않았다. 그리고 평소 궁금하게 여기던 부분을 물어 보았다.

나는 "아! 그렇군요. 성경에 주님께서 십자가 위에서 고통을 받고 있을 때 지진이 있었다고 기록하였습니다. 그리고 또한 천사가 내려와 무덤의 입구에서 돌을 굴려 옮길 때에 지진이 있었다고 기록하고 있습니다. 이런 지진은 무엇을 의미하나요?"

그는 "이들 지진은 각각 교회의 상태 변화를 의미합니다. 변화된 교회의 상태를 의미합니다."

나는 "교회의 상태 변화요? 교회가 어떤 상태 변화가 있지요?"

그는 "주님은 세상에 오셔서 시험을 이기시고 지옥을 정복하셨습니다. 그리고 부활하심으로 하늘과 땅을 정복하심으로 질서를 세우셨습니다. 이로 인해 주님의 인성이 영화롭게 되셨습니다. 교회의 상태 변화입니다."

나는 "그래서 갑자기 큰 지진이 일어났고 바위가 갈라지고 성전 휘장이 위에서 아래까지 두 폭으로 찢어졌다고 했군요. 천사가 하늘에서 내려와서 무덤 입구에 있는 돌을 굴려 낼 때 일어난 큰 지진도 마찬가지인가요?"

그는 "그렇습니다. 전적으로 변화된 교회의 상태를 의미합니다. 주님께서는 부활하셨고 하늘과 땅을 다스리는 모든 권세를 받으

셨기 때문입니다."(마28:18),

그는 "선지자 예레미야는 오직 여호와만이 참되신 하나님이시오, 주님만이 살아 계시는 하나님이시며, 영원한 임금이십니다. 주님이 진노하시면 땅이 지진을 일으키고 그 진노는 세계 만민이 감당할 수가 없다고 말했습니다."(렘10:10).

나는 "설명해 주세요."

그는 "여기서 말하는 땅은 사람의 마음을 의미합니다. 땅이 지진을 일으킨다는 말은 거짓을 받아들임을 의미합니다. 그리고 세계 만민이 주님의 진노를 감당할 수 없다는 말은 악이 지옥에 떨어진다는 의미입니다. 세계 만민은 악을 의미합니다. 악은 거짓 교리로써 사람들을 미혹합니다."

나는 "뭐라고 하면서 미혹하나요?"

그는 "그들은 말하기를 선하게 살지 않아도 된다고 말합니다. 자신들은 이미 구원의 확신을 갖고 있기 때문에 과거, 현재, 미래에 무슨 짓을 해도 천국에 간다고 주장합니다. 과연 이런 자들이 무엇에 대한 확신을 갖고 있는지 모르겠지만 자신들은 믿음이 있기 때문에 구원받았다고 주장합니다. 주님은 자비가 많으신 분이므로 입으로 고백하면 구원된다고 주장합니다. 몇 마디 믿음의 주문을 하는 것으로 구원이 있을 수 있나요? 정말 그런가요? 참으로 어처구니없고 한심합니다. 더욱 한심한 것은 입으로는 자기가 죄인이라고 말은 하지만 자기의 악한 행위를 전혀 인정하지 않습니다."

나는 "진리대로 살아야만 선의 열매를 거두지 않나요?"

그는 "당연합니다. 그들은 삶이 영혼의 구원과는 아무런 상관이 없다는 교리를 붙잡고 있습니다. 야고보는 행함이 없는 믿음은 죽었다고 말했습니다. 그럼에도 이들은 사람이 육체를 벗으면 갑자기 선해진다고 믿습니다. 자신이 선해지고자 하는 의지가 없는데 주님께서 강제로 물로 씻듯이 씻어주실 것이고 그렇게 함으로 선해진다고 말하니 될 법한 말인가요? 이런 자들은 입으로만 사는 자들입니다. 회개와 거듭남과 같은 삶의 변화는 원치 않고 필요하지도 않다고 말하면서 자신들은 이기적인 동기로 죄를 지으면서 종교의 위치를 선점하고 있습니다."

나는 "그렇게 주장하는 자들이야말로 악한 자가 아닌가요?"

그는 "주님은 열매를 보고 그를 안다고 했습니다. 열매가 필요 없다고 하는 자들이니 더 말해보았자 입만 아플 따름입니다."

나그네와 헤어지고

홍수를 만나다

홍수는 예기치 않은 물의 범람이다. 갑작스럽게 홍수가 들이 닥치면 급물살에 모든 것이 떠내려간다. 홍수가 발생하면 농경지와 가옥 등 삶의 터전이 침수되어 피해가 발생한다. 홍수는 갑작스럽게 물이 불어서 들이 닥치기 때문에 아주 위험하다.

내가 이런 생각을 하고 있을 때 지나가는 사람이 내게 다가와서 나에게 "무엇을 생각하시나요?" 하고 물었다.

나는 "나는 마음의 세계를 다니면서 진리를 구하고 있습니다. 그리고 홍수에 대해서 알고자 합니다. 당신이 홍수에 대해 내게 말씀해 주시기를 바랍니다. 홍수는 무엇을 의미합니까?"

그는 "네, 홍수에 대해 말씀해 드리겠습니다. 비가 증가해서 급류가 되듯이 거짓이 증가해서 홍수 시험이 됩니다."

나는 "아! 홍수는 거짓이 축척된 시험이군요. 홍수 시험이 오면 어떻게 되나요?"

그는 "급류에 휩쓸려 간다고 생각해 보세요. 어떻게 될 것 같나요? 힘을 도저히 쓸 수 없는 처지가 되어 저항할 수도 없습니다."

나는 "내가 알기에는 바람의 시험도 있다고 들었습니다."

그는 "바람은 미묘합니다. 바람이 폭풍일 경우에는 토네이도같이 싹 쓸어버립니다. 폭풍은 모두 뿌리째 뽑아 내동댕이쳐 버립니다. 그러나 반석 위에 뿌리박은 집은 폭풍을 견뎌내지요."

나는 "아! 무섭네요. 시험은 왜 옵니까?"

그는 "하하! 시험을 안 당해 보셨나요? 시험은 어둠의 권세로 인해서 야기됩니다. 어둠의 권세는 주님께서 세우신 질서를 허물려는 악마의 궤계입니다."

나는 "그러면 어떻게 해야 합니까?"

그는 "주님을 의지하면 어떤 시험이라도 뒤엎지 못합니다."

나는 홍수라는 급물살 시험에 넘어지지 않기를 기도했다. 홍수의 급물살은 무엇인가? 급물살은 양심이 소멸되어 탐닉이 물밀듯이 밀려옴을 말한다. 마치 저수지 둑의 작은 구멍이 점점 커져 결국 둑이 무너지는 것과 같다.

나는 "성경에 하나님께서는 노아에게 세상은 이제 막판에 이르렀다. 땅 위는 그야말로 무법천지가 되었다. 그래서 나는 저것들을 땅에서 다 쓸어버리기로 하였다. 너는 전나무로 배 한 척을 만들어라. 배 안에 방을 여러 칸 만들고 안과 밖을 역청으로 칠하여라. 배에 지붕을 만들어 한 자 치켜 올려 덮고 옆에는 출입문을 내고, 상 중 하 삼층으로 만들어라. 내가 이제 땅 위에 폭우를 쏟으리라. 홍수를 내어 하늘 아래 숨 쉬는 동물은 다 쓸어버리리라. 땅 위에 사는 것은 하나도 살아남지 못할 것이다."(창6:13-17).

그는 "노아의 방주에 대한 구절입니다. 노아 방주는 에덴동산에 있던 상태와는 다른 상태가 시작되었음을 의미합니다."

나는 "어떻게 달라졌지요?"

그는 "인간에게 홍수가 찾아왔습니다. 홍수는 거짓이라고 했지요? 노아 시대에 거짓이 물밀듯이 들어왔습니다."

나는 "그 이전 사람들은 어떠했나요?"

그는 "노아홍수 이전의 사람을 태고적 사람들이라고 부릅니다. 태고적 사람들은 에덴동산 밖으로 쫓겨 난 후 더욱 더 나빠졌습니다. 그들은 매우 독선적이고 이기적이 되어 올바른 선택을 할 수 없게 되었습니다."

나는 "어떻게 나빠졌나요?"

그는 "태고 사람들은 본래 아주 큰 영적 총명을 소유했었습니다. 그러나 그들은 지식의 나무열매를 먹음으로, 다시 말해 주님께서 알게 해주신 진리를 제 소유라고 고집함으로서 타락이 시작되었습니다. 결국 거짓이 들어왔고 이런 거짓은 그들의 영적 생활을 파괴하는 홍수가 될 때까지 커져갔습니다. 그리하여 그들은 파멸에 이르게 됐습니다."

나는 "욕심대로 살다가 스스로 인생을 망치게 되었군요."

그는 "그런 꼴이 되었습니다. 그 당시 홍수는 인류의 역사 중에 아주 악하고 참혹한 상태를 보여줍니다."

나는 "그 당시 홍수는 무엇을 의미하나요?"

그는 "사람들이 진리를 제 나름대로 판단하고 자기 소유처럼 여기자 거짓이 물밀 듯이 밀려온 상태를 의미합니다. 그 결과 인간들은 파멸에 이르게 되었습니다. 이것이 영적 홍수입니다."

나는 "지구상의 존재하는 인류 모두가 그렇게 되었나요?"

그는 "모두는 아닙니다. 그 중 소수의 사람들은 주님께 순종하려고 노력하였습니다."

나는 "소수의 사람들이 노아와 가족들인가요?"

그는 "그렇습니다. 그들이 주님께 순종함으로 얻은 상태가 바로 방주입니다."

나는 "방주로 인해 거짓의 홍수를 피할 수 있게 되었군요? 어느 정도 거짓이 밀려 왔나요?"

그는 "비가 40주야로 내렸습니다. 40주야 비가 내렸다는 의미는 시험이 가득한 상태를 의미합니다. 이스라엘 민족의 광야 40년 생활과 주님의 40일간의 시험을 상기하면 40이라는 숫자는 시험의 숫자입니다."

나는 왜 그 당시 사회가 이지경이 되었을까를 생각했다. 그 첫 번 이유가 그 시대에는 문자가 없었기 때문이다. 문자는 한계를 규정하기 때문에 자칫하면 문자에 얽매일 수 있지만 그 한계는 그 이상으로 넘어가지 못하도록 울타리 역할을 하기도 한다.

문자가 없으면 진리를 아는 지각과 양심이 판단 기준이 된다. 그런데 사람들이 시간이 지날수록 이전의 조상들이 가졌던 지각을 잃어버린다면 거짓이 왕 노릇하게 된다. 이렇게 거짓이 물밀 듯이 온 세상에 파급된 상태가 40주야 쏟아진 비이다. 오늘날은 어떤가? 노아 시대 이전에는 문자가 없어서 기억에 의존하여 결국 거짓이 밀려왔지만 오늘 현대에는 문자에 얽매여 문자에 숨어있는 의미를 찾지 못하고 마치 눈알이 뽑히고 온 몸이 묶여서 연자맷돌을 가는 삼손처럼 문자의 쇠사슬에 묶여버렸다. 다시한번 나는 스스로에게 묻는다. "너는 무엇으로 거짓을 이길 것인가? 어떻게 영적 진리를 찾을 것인가?"

나는 "그런데 왜 방주를 역청을 함유한 고페르 나무로 만들었을까요? 방주의 안과 밖을 역청으로 칠했다는 것을 더 자세하게 설명해 주세요." (창6:14).

그는 "고페르 목재(gopher wood)는 전나무 같이 유황이 많은 목재입니다. 이 목재는 세속의 욕망을 의미합니다. 그 이유는 나무에 쉽게 불이 붙기 때문입니다. 고페르 나무는 거듭나지 않은 상태를 의미하고 역청은 이기심을 뜻합니다."

나는 "역청이 이기심이라고요? 그런데 왜 방주의 안팎에 칠하라고 했을까요?"

그는 "탐욕으로 인해 불결하고 깨끗하지 않은 이기심을 의미합니다. 자기를 보호하려는 이기심은 파멸을 알기 때문에 침수되지 않기 위해 노력하기도 합니다. 가끔 주님은 우리의 이기심을 활용해서라도 악에서 보호되도록 하십니다."

나는 "자기를 보호하려는 이기심 때문에 악에서 보호받는다고 요? 그렇다면 쓸모있는 이기심이라고 할 수 있겠네요?"

그는 "그렇습니다. 주님으로부터 멀어지게 하는 이기심이 아니라 거짓들로부터 보호받도록 사용되는 이기심입니다. 예를 들어, 법을 어기고 싶은 마음을 자제하는 이유는 체면이나 타인의 비난과 처벌 때문에 남의 눈을 의식하기 때문입니다. 자신을 보호하고자 하는 이기적인 목적 때문에 범죄 하지 못합니다."

노아방주의 역청은 자기 이기심을 보호하기 위해 타인의 눈을 두려워하는 마음이다. 역청 속에 이런 깊은 뜻이 숨어 있음이 놀랍기만 하다.

나는 "방주에 들어간 동물은 무엇을 의미하나요?"

그는 "성경에 나오는 동물은 애착을 의미합니다. 방주에 들어간 동물은 선 또는 악의 애착을 의미합니다. 애착은 사람의 인격을 구성합니다. 애착은 그 사람이 무엇을 가장 우선적으로 여기는지를 가르쳐 줍니다."

나는 "방주 안에 들어가는 새와 동물이 각각 한 쌍씩 들어가는 이유는 무엇이지요?"

그는 "한 쌍은 마음의 구조를 의미합니다. 마음에는 이해와 의지가 있습니다. 한 쌍은 이해와 의지를 의미합니다."

나는 "방주를 3층으로 만든 이유는?"

그는 "성경의 모든 숫자가 의미를 갖고 있습니다. 방주의 3층 구조는 마음의 3층 구조를 의미합니다. 예컨대, 의지와 이해와 행위입니다. 창문은 주님의 가르침을 받도록 열려있는 마음이고 옆으로 낸 문은 진리를 삶에 적용하는 마음을 뜻합니다."

나는 "방주 꼭대기에 창을 내는 까닭은 무엇이지요?"

그는 "방주 꼭대기의 창을 여는 것은 주님의 가르침에 지성의 창을 여는 것을 의미합니다. 노아는 까마귀와 비둘기를 내보내서 물이 얼마나 말랐는지 알아봅니다. 그 의미는 우리의 생각에 어떤 것은 좋고 어떤 것은 나쁘기도 하다는 의미입니다."

나는 "까마귀와 비둘기는 무엇을 의미하나요?"

그는 "까마귀는 우리의 거짓된 생각을 말합니다. 까마귀는 날아다녔지만 아무 것도 얻지 못했습니다. 비둘기는 주님께 은혜를 입었다고 여기는 생각을 의미합니다. 그리고 이런 생각은 올리브 잎사귀를 물고 들어옵니다."

나는 "올리브는 무엇을 의미하지요?"

그는 "올리브나무는 주님을 섬기고자 하는 사랑입니다. 올리브

잎은 그분을 어떻게 잘 섬길 수 있을까 하는 지식입니다."

나는 성경에 홍수라고 말하지 않고 물들의 홍수(창7:6)는 말은 지적인 것들에 관한 시험을 의미하기 때문에 단순하게 홍수라 말하지 않고 '물들의 홍수' 라 말하고 있다. 그러나 단순하게 홍수라고 말하는 구절도 있다(창7:17). '물들의 홍수' 는 악령들에 의해 흥분된 거짓의 범람이지만 단순한 '홍수' 는 시험이 없는 단순한 거짓을 의미하기 때문이다.

나는 이런 구절을 떠올렸다. "홍수전에 노아가 방주에 들어가던 날까지 사람들이 먹고 마시고 장가들고 시집가고 있으면서 홍수가 나서 그들을 다 멸하기까지 깨닫지 못하였으니 인자의 임함도 이와 같으리라."(마24:38-39).

나는 이 구절의 의미를 더욱 알고 싶어졌다. 그러자 내 옆에 있던 그분이 내게 말을 해주었다.

그는 "교회의 황폐를 의미합니다."

나는 "종말 교회를 노아 시대에 빗대어 언급하였군요."

그는 "네, 기독교회의 종말 상태를 노아 때와 비교하였습니다. 이는 종말에 다가올 진리의 황폐를 의미합니다."

나는 "노아가 방주에 들어가기 전의 상태는 황폐를 말하나요?"

그는 "노아는 황폐를 의미하기도 하지만 약속도 예시합니다. 노아라는 이름은 위로라는 뜻입니다. 이는 노아가 시험에서 구원될 수 있음을 의미합니다. 태고 시대의 마지막과 고대의 첫 번째 이름으로 위로가 언급되었습니다."

나는 "인자의 오심도 이와 같다는 의미는?"

그는 "그분은 위로자로 오신다는 의미입니다."

나는 "주님께서 위로자로 오신다고요?"

그는 "주님은 악을 정죄하고 선을 위로하기 때문입니다."

나는 "홍수 이전의 사람들은 노아가 방주에 들어가던 날까지도 먹고 마시고 장가들고 시집갔다고 했습니다. 무슨 의미인가요?"

그는 "먹고 마심은 악과 거짓을 제 소유로 삼았다는 의미이고 장가들고 시집감은 악의 의지와 거짓 사상이 하나됨을 의미합니다. 한마디로 지옥의 상태입니다."

나는 "노아는 무엇을 의미하나요?"

그는 "노아는 홍수에서 구원받은 자입니다. 다시 말해서 거짓의 홍수 속에서 구원받은 남은 자입니다. 또한 방주는 홍수에서 노아를 보존해준 수단입니다. 방주는 새로운 세상으로 그를 운반해 주었습니다."

나는 "방주는 무엇을 의미합니까?"

그는 "방주는 하나님의 말씀을 의미합니다. 진리는 사나운 비바람과 거친 풍랑을 피할 은신처를 제공해 주었습니다. 진리 속에 노아와 모든 생명 있는 피조물이 들어갔습니다."

나는 "노아 방주와 모세의 작은 상자와 광야의 언약궤는 같은 의미가 있나요?"

그는 "같은 의미입니다. 그 속에는 생명의 신비가 있습니다. 성경에는 너와 모든 네 집은 방주로 들어가라고 했습니다. 그 안에 생명이 있기 때문입니다."(창7:1).

나는 "노아가 방주로 들어가는 날은 어떤 날인가요?"

그는 "그 날은 배의 문이 닫히는 날입니다. 선이 악과 분리되는 날입니다. 배가 물위에 떠있는 것처럼 신실한 사람이 세상에서 분리되어 지극히 높은 분의 보호아래 놓이는 순간입니다."

나는 "홍수를 만나 물에 떠내려갔다는 말은?"

그는 "홍수를 만났다는 의미는 갑작스럽게 들이 닥치는 심판을 의미합니다. 심판을 전혀 예상하지 못했다는 말입니다. 홍수는 거짓의 범람입니다. 이런 범람이 악한 자를 멸망으로 끌고 갔습니다. 거짓의 심판입니다."

나는 "인자가 올 때도 그러할 것이라고 했는데 기독 시대의 종말
도 홍수 심판을 맞이하나요?"

그는 "기독시대 종말은 불로 맞이하게 됩니다."

나는 "불? 불은 무엇을 의미하나요?"

그는 "불은 사랑을 의미합니다. 심판 때의 교회는 주님 사랑이
식어져서 자기 사랑이 팽배하게 됩니다. 세상 쾌락을 즐기다가
자아 사랑의 불덩어리 재앙이 갑자기 덮치게 됩니다. 한마디로
모두가 자기만 사랑하는 이기적 상태에 돌입하게 됩니다."

노아시대의 홍수는 질서를 잃어버리고 거짓에 떠밀려 가는 인간
의 상태이다. 더 이상 회복될 가능성이 없는 무질서한 인간의 처
절한 상태이다. 거짓을 무엇으로 고칠 것인가? 마음속 깊이 들어
온 거짓을 의학으로 해결할 수 있겠는가? 아니면 약을 먹는다고
치료될 것인가? 거짓을 해결하기 위해서는 마음속에 거주하는
거짓 영들이 쫓겨 나가야 하고 진리를 배워 새로운 마음 상태를
이루어야 한다.

홍수와 헤어지고

열을 만나다

열기는 태양에서 나온다. 사람은 계절에 따라 더위와 추위를 느낀다. 아브라함이 날이 뜨거울 때에 그가 장막 문에 앉아 있다가 천사를 영접하게 된다(창18:1). 날이 뜨겁다는 것은 열기가 가득하다는 의미이다. 열기는 사랑을 의미한다. 열이 사랑이라고 말하는 까닭은 흔히 따뜻하다고 말할 때 사랑이 많음을 의미하기 때문이다. 열은 사랑과 애착이다.

천국의 사랑은 주님과 이웃사랑의 순수한 열이다. 반면에 자기와 세상을 사랑하는 것은 이기적인 열이다.

나는 열에 대해서 자세하게 알기를 원했다. 나는 열을 알고 있는 자를 찾았다. 나는 이곳저곳을 다니면서 소리를 쳤다.

"누가 나에게 열에 대해서 말씀해 주시기를 바랍니다." 그러자 현자가 내게 다가와서 말했다. "무엇을 알기를 원하십니까?" 하고 내게 다가왔다.

나는 "나는 마음의 세계를 다니면서 진리를 구하고 있습니다. 더위와 추위, 열기와 냉기를 아신다면 내게 말씀해 주세요."

현자는 "몸에 활력을 주는 동력은 열에서 나옵니다. 열은 열정과 같습니다."

나는 "열은 무엇을 말하나요?"

현자는 "열은 사랑입니다."

나는 "사랑의 불은 누구에게나 있나요?"

현자는 "사랑은 하나의 숨결과 같습니다. 그러므로 사랑은 선한 자나 악한 자 누구에게나 존재합니다. 다만 사랑의 질적 차이가 있을 뿐입니다."

나는 "사랑이 있어야만 숨을 쉴 수 있지요?"

현자는 "그렇습니다. 땅속 깊은 곳에 불덩어리가 들어 있듯이 사람의 깊은 내면에는 사랑의 불덩어리가 있습니다. 인간은 사랑의 동기로 움직입니다."

나는 "사랑의 동기요? 높아지고자 하거나 남에게 인정받고자 하는 동기로 행동하는 자들도 있습니다."

현자는 "남에게 인정받고자 하거나 높아지고자 하는 행동을 하는 것은 자기 사랑에 불과합니다."

나는 "아! 자기 사랑이군요. 주님은 이웃사랑을 하라고 하셨습니다. 사랑은 하나의 동기인가요?"

현자는 "그렇습니다. 사람마다 선한 자이건 악한 자이건 관계없이 사랑의 동기가 있습니다. 어떤 동기에 의해 사랑하느냐에 따라 선악으로 나뉩니다."

나는 "사랑의 질이 선과 악이라는 건가요?"

현자는 "똑똑하시군요. 사랑은 질에 따라 주님사랑, 이웃사랑, 세상사랑, 자기사랑으로 나뉩니다."

나는 "사람이 진정 천국을 원한다면 어떻게 해야 하나요?"

현자는 "모든 선은 하늘로부터 주어집니다. 그러므로 진리를 순종하는 마음으로 의로운 삶을 살아야 합니다."

나는 "그렇군요. 악한 사랑은 그 반대가 되겠네요?"

현자는 "맞습니다. 모든 악은 지옥에서 주어집니다. 악한 사랑은 진리를 어기고 무질서하게 살아가도록 합니다. 그런 사랑은 거짓된 욕망인데 화덕같이 뜨겁습니다." (호7:7).

나는 "선한 사랑의 불꽃은 생명이고 악한 사랑은 사망인가요?"

현자는 "네, 생명과 사망은 사랑의 질에 따라 나뉩니다."

나는 "아! 그렇군요. 생명을 얻고 싶습니다. 좀 더 자세하게 가르쳐 주시기를 바랍니다."

현자는 "성경에 세례요한은 물로 세례를 주면서 이런 말을 했습니다. 내 뒤에 오시는 주님은 성령과 불로 너희에게 세례를 베푸실 것이라."(마3:11).

나는 "주님께서 불세례를 주신다는 말인가요?"

현자는 "세례는 거듭남을 의미합니다. 물은 악을 제거하고 불은 선이 들어오는 것을 의미합니다. 가시덤불이 제거되면 옥토가 되고 야생 들짐승이 쫓겨 나야만 양들이 살 수 있습니다. 마찬가지로 악이 제거되면 선이 들어옵니다."

나는 "선이 들어오려면 더러운 불순물이 제거되어야 하겠네요?"

현자는 "그렇습니다. 잘 보셨습니다. 물세례는 바깥쪽 불순물을 제거하고 주님의 세례는 안쪽 생명을 살립니다."

나는 "안쪽 생명을 살린다고요? 그러면 어떻게 해야 하나요?"

현자는 "주님은 진리 자체이십니다. 진리의 영이 들어오면 생명이 활성화됩니다."

나는 "아! 생명이 활성화하려면 진리가 있어야 하겠군요?"

현자는 "그렇습니다. 주님께서 타작마당의 곡식을 깨끗이 가리신다는 말씀을 하셨습니다. 타작마당은 마음속 기억을 의미합니다. 기억은 생각을 담는 그릇입니다. 곡식을 모아들이는 곳간은 삶의 목적이 저장된 창고라고 할 수 있습니다.

나는 "타작마당은 기억이고 곳간은 목적이라고요?"

현자는 "인간의 내면에는 기억이라는 창고가 있습니다. 그 창고 속에 인간은 자기의 모든 말과 모든 경험을 담고 있습니다."

나는 "그러니까 창고는 인간의 삶 전체를 말하는 건가요?"

현자는 "네, 인간은 영원히 그 창고 속에 자신의 삶을 저장합니다. 호세아 선지자는 이스라엘아 너는 이방 사람처럼 기뻐 뛰놀지 말라 네가 음행하여 네 하나님을 떠나고 각 타작마당에서 음행의 값을 좋아하였다고 말했습니다(호9:1). 이 말은 매춘을 하면서 매춘을 사랑하는 상태가 되었음을 의미합니다. 다시 말해서 진리를 왜곡시키고 왜곡된 진리를 사랑하는 것입니다."

나는 "지난날의 모든 기억을 창고에 저장하다니..내게는 마치 심판을 위한 회계장부 같아서 무섭습니다."

현자는 "우리의 삶의 기억은 없어지는 것이 아닙니다. 언젠가 주

300

님 앞에서 결산할 날이 옵니다. 그때 우리는 손을 펴서 주님께 보여드려야 합니다."

나는 "무엇을 보여드려야 하나요?"

현자는 "첫째는 이웃에 대해 둘째는 재물에 대해 셋째는 성에 대해서입니다."

나는 "그리고 그 후에는 주님께서 어떻게 하시나요?"

현자는 "주님께서는 생명을 순수하게 하시기 위해서 마음의 창고에 있는 쭉정이는 꺼지지 않는 불로 태워 버리십니다."

나는 "그러면 쭉정이를 주님께 가져와야 하겠군요?"

현자는 "하하! 그렇습니다. 인간의 더러운 쭉정이는 회개함으로 주님께 드리고 창고에 알곡이 저장되도록 해야 합니다."

나는 "어떻게 그렇게 할 수 있나요?"

현자는 "회개하고 거듭나면 얼마든지 가능합니다."

나는 "아! 그런데 쭉정이가 무엇인가요?"

현자는 "쭉정이는 선이 들어있지 않은 상태입니다(마3:12). 쭉정이는 주님께서 꺼지지 않는 불로 태우고자 하시는 거짓입니다. 그래서 바람에 날리는 쭉정이라고 부릅니다." (눅22:31).

나는 "마음속에 있는 쭉정이를 선한 불로 태워야 하겠군요?"

현자는 "네, 그래야 합니다. 스스로 자신을 심판하지 않는 자들은 저 세상에서 심판됩니다. 저세상에서 쭉정이는 불타는 욕망의 불구덩이에 던져집니다. 이 불은 꺼질 수 없는 불이고 이미 마음속에 존재했던 불입니다."

나는 "아! 무섭습니다. 내 마음속에 존재했던 욕망의 불 속으로 뛰어 들어가는군요."

현자는 "그렇습니다. 그러므로 선한 불로 쭉정이를 태우고 욕망을 제어해야 합니다."

나는 "어떻게 선한 불로 마음을 달구어야 할까요?"

현자는 "네, 주님은 진리를 순수하게 따르고자 하는 자들에게 선한 불을 주십니다. 주님은 불로 응답하는 신이요 하나님이시라고 했습니다." (왕상18:24).

나는 "모세와 예언자와 요한이 보았던 불인가요?" (출3:2).

현자는 "모세는 호렙 산에서 떨기나무가 불에 타고 있는 장면을 보았습니다. 떨기나무에 불이 붙은 것은 기억이 선으로 충만한 상태를 의미합니다. 다시 말하면 상처난 기억이든 좋은 기억이든 할 것 없이 모두 주님의 선으로 변화됩니다."

나는 "의미심장하군요. 모든 기억이 선으로 전환될 수 있나요?

마음속에 상처난 기억이 있는 사람에게 희망이 되겠군요."

현자는 "아무리 세상에서 상처받은 사람일지라도 진리를 믿고 실천하며 선의 열매를 맺음으로 천국에 갈 수 있습니다. 떨기나무에 불이 붙으면 모든 것이 가능합니다."

나는 "아! 마음에 희열이 넘치는군요. 상처가 주님의 선으로 치료되는 위대한 광경이군요. 너무도 놀랍습니다."

현자는 "그렇습니다. 주님의 사랑은 아무리 큰 상처일지라도 새롭게 하십니다."

나는 모세가 호렙 산에서 떨기나무에 불이 붙는 광경을 본 장면은 주님의 위대한 일을 하기 전에 먼저 상처가 해결해야 한다는 사실을 깨닫게 되었다. 상처를 치유되지 않고서 무슨 주님의 일을 할 수 있는가? 상처가 치유되는 첫 번째 길은 먼저 선이 충만한 상태가 되는것이다.

나는 "그런데 시기와 탐욕의 불도 있지요?"

현자는 "그런 불을 가진 자들에 대해 성경은 두려워하는 자들과 믿지 아니하는 자들과 흉악한 자들과 살인자들과 음행하는 자들과 점술가들과 우상 숭배자들과 거짓말하는 자들은 불과 유황으로 타는 못에 던져지리니 이것이 둘째 사망이라고 했습니다."

나는 "모두 악한 자들이네요. 설명해 주세요."

현자는 "두려워하는 자, 믿지 않는 자, 흉악한 자는 악의 불이 타오르는 자들입니다. 살인자들과 음행하는 자들과 점술가들과 우상 숭배자들과 거짓말하는 자는 십계명을 어긴 자들입니다. 주님의 계명에 따라 살지 않는 자입니다."

나는 "불과 유황으로 타는 호수는 무엇인가요?"

현자는 "불과 유황이 타는 호수는 지옥을 의미합니다."

나는 "지옥? 지옥은 어떤 자들이 가나요?"

현자는 "사후에는 생전의 삶에서 사랑했던 모든 사랑으로 자신이 됩니다. 그러므로 자기 사랑에 맞게 가는 곳이 지옥입니다."

나는 "개인 고유의 사랑이 판단 받는군요. 지옥에 가기 위해서 어떤 과정이 있나요?"

현자는 "사람이 육체적으로 죽는 순간에는 평소 자신의 사랑과 일치하지 않는 모든 상태는 제거됩니다. 예를 들어 그가 선하다면 성품에 맞지 않는 악은 제거됩니다. 악한 사람도 역시 자기 사랑이 아닌 상태는 제거됩니다."

나는 "사람이 본질적이 되는군요. 그러면 죽음의 순간에 사랑의 불덩이가 눈앞에 펼쳐지겠군요."

현자는 "그렇습니다. 저세상에서는 누구든지 세상에서 살면서 터득했던 사랑으로 그 사랑의 본질이 선이냐 혹은 악이냐에 따라 그곳이 천국이 될 수도 있고 지옥이 될 수도 있습니다."

나는 "비록 늦었지만 그때 가서 마음을 고쳐먹고 이웃을 사랑하면 안되나요?"

현자는 "하하! 절대로 그럴 수 없습니다. 아무리 몸부림치고 노력해도 헛수고입니다. 사랑은 마치 사슬과 같습니다. 사람은 자신의 사랑으로부터 자유로울 수 없습니다."

나는 "아! 사랑에서 벗어날 수 없군요. 누구나 마찬가지인가요?"

현자는 "네, 세상에 있는 모든 사람들은 같습니다. 그들 나름의 고유한 사랑이 자신을 인도합니다. 그리고 자기 고유의 사랑으로 타인을 이끌기도 합니다."

나는 인생의 황혼이 되면 사랑이라는 잣대로 평가받는다는 십자가의 성 요한(ST. John Joseph of the Cross)이 했던 말을 기억했다. 사랑은 일생을 걸쳐 이룩하게 된 열매이며 그 사람의 고유의 성품이다. 야곱이 라헬을 위하여 칠 년 동안 라반을 섬겼으나 그를 사랑하는 까닭에 칠 년을 며칠 같이 여겼다는 구절이 있다(창29:20). 야곱이 라헬을 사랑한 그 세월은 사랑의 상태를 의미한다. 다시 말해서 전혀 지루하지 않았다는 말이다.

나는 현자에게 "지옥 불에 대해서 말씀해 주세요."

현자는 "대부분 사람들은 성경에서 언급하는 지옥 불을 제대로 이해하지 못합니다. 문자 그대로 실제적으로 불이 타오르고 있다고 생각합니다."

나는 "그러면 불의 의미가 무엇인가요?"

현자는 "불은 사랑 자체입니다. 그러므로 지옥 불은 사후 악한 사람의 사랑이 확실합니다."

나는 "불이 어디에서 오나요?"

현자는 "태양은 불덩어리입니다. 주님은 천국의 태양으로부터 열기를 주십니다. 인간은 그 열을 받아 생명을 유지합니다. 그리고 열은 본질적으로 사랑이며 생명입니다."

나는 "그러면 천국 불과 지옥불이 다른 점은?"

현자는 "천국 불은 주님과 이웃을 사랑하는 상태이고 지옥 불은 자아와 세상을 사랑하는 상태를 의미합니다. 사실 지옥 불도 천국의 태양에서 옵니다."

나는 "아! 뭐라고요? 지옥 불의 근원지가 천국이라고요?"

현자는 "하하! 그렇습니다. 문제는 받아들이는 사람에 의해 지옥

불이 되었습니다. 천국에서 불이 내려와도 어떻게 받아들이느냐에 따라 천국이 되기도 하고 지옥이 되기도 합니다."

나는 "그렇군요. 신성한 불을 내려줘도 악한 자들은 결과가 나쁘게 되는군요."

현자는 "태양에서 나오는 빛과 열기를 싱싱한 나무가 받을 때는 꽃이 피고 열매를 맺습니다. 그러나 태양의 열기가 오염물질이나 부패된 음식에 닿으면 썩고 악취가 납니다."

나는 "사람도 그런가요?"

현자는 "천국 빛과 열기가 선한 사람이나 천사들에게 들어오면 선한 열매를 맺습니다. 반대로 악한 사람들에게 들어가면 악의 열매를 맺습니다."

나는 "수용에 따라서 그렇게 많은 차이가 나는군요."

현자는 "천국으로부터 사랑이 오더라도 그릇이 더러우면 오염되고 변질됩니다. 즉 자신과 세상을 사랑하면 결국 천국 사랑을 변질되게 만듭니다."

나는 "그러면 어떻게 되나요?"

현자는 "성경에는 불로 사람들을 태운다고 하였고 그들이 하나님의 이름을 비방한다고 했습니다(계16:8-9). 그 이유는 자기사랑의 즐거움에 도취되어 탐욕에 젖어 있으면 하나님을 비방합니다. 더러워진 인간의 모습입니다."

나는 "왜 하나님의 이름을 비방할까요?"

현자는 "인간들이 자기도취에 빠져 있으면 절대로 주님의 신성을 인정하지 않습니다. 그래서 주님의 사랑이 그 영혼에 흘러올수록 주님의 열기에 의해 더욱 썩고 맙니다. 그래서 하나님을 비방하는 것입니다."

나는 "아! 무섭군요. 주님의 사랑의 불을 역이용하여 스스로 지옥불로 만들어 버리면서 하나님이 자기를 이렇게 만들었다고 탓을 하면서 하나님을 비방하는군요."

현자는 "악한 자는 자신이 보기에는 올바른 불덩어리처럼 보일지라도 실제 자신들은 세상에서 취했던 악의 열기를 느낄 뿐입니다. 지옥 불은 지옥에 있는 고통의 열기를 뜻합니다."

나는 "어떤 고통이요?"

현자는 "악한 자는 어떻게 하든지 타인에게 피해를 입히고자 애를 씁니다. 그러지 못할 때는 앙심을 품고 분노로 고통스러워합니다. 남에게 피해를 주지 못해서 안달하면서 스스로 일그러진 고통입니다."

308

나는 "앙심을 품은 자들의 얼굴을 본 적이 있습니다. 그들은 여차하면 상대방을 죽이고자 준비를 하고 있는 듯이 보였습니다. 마치 검은 개가 달려들어 물고자하는 표정을 짓고 있는 듯이 보였습니다. 그런 자들은 이미 그 영혼에 분노와 앙심에 깊이 물들어 버린 듯 보였습니다."

현자는 "하하! 얼굴 표정에 그것을 읽다니 훌륭하십니다. 얼굴은 속 내면을 그대로 드러냅니다. 지옥에 있는 자의 얼굴 모습은 흉악스럽습니다."

나는 "한 가지 의문이 듭니다. 지옥에는 고통이 있는데 악령들은 왜 그 곳으로 들어가려고 할까요?"

현자는 "사실 악한 자는 악의 기운을 품어내는데, 거기에 맞는 기운을 가지고 있기 때문에 기운이 맞으면 쾌락으로 가득해지고 천국 기운이 다가오면 그들에게는 고통입니다."

나는 "결국 지옥불은 반항과 미움의 상태를 말하는군요?"

현자는 "네, 그래서 지옥은 언제든지 반란이 끊이지 않습니다. 마치 맹수들의 세계와 같습니다. 틈만 나면 반란을 일으켜서 물고 찢을 뿐 아니라 좇고 좇기는 일이 반복됩니다. 지옥의 노예들은 반란을 통해 상대방을 정복하기 위해 언제나 미움을 가지고 노려보며 보복을 하기 위해 기회를 엿봅니다. 이것이 영원하게 계속된다고 생각해 보세요. 바로 이 자체가 지옥의 고통이 아니겠어요? 그래서 지옥불이라고 합니다."

나는 "아! 무섭습니다. 질서가 없으니 그런 일들이 반복되는 거지요? 진리가 얼마나 중요한지를 이제야 알았습니다."

현자는 "그들은 자기만의 거짓된 신념을 가지고 옳다고 증명하기 위해 다투고 충돌합니다. 악한 자들은 자기의 이기적인 질서를 세우기 위해 타인을 경멸하고 비웃고 모독합니다."

나는 "그들은 자신들이 거짓을 위해 악한 일을 자행하고 있음을 알고 있을까요?"

현자는 "악한 자들은 자신의 말과 행동이 진리인 줄 알고 있고 타인이 그렇게 인정해 주기를 요구합니다. 그러나 타인이 자신의 말대로 듣지 않을 때는 발톱을 내밀어 상처를 냅니다."

나는 "악한 자는 거짓을 위해 싸우는 전사들이군요?"

나는 "선한 자와 악한 자를 어떻게 분별할 수 있나요?"

현자는 "두 사람의 행위는 본질적으로 다릅니다. 좋은 나무는 좋은 열매를 맺고 나쁜 나무는 나쁜 열매를 맺습니다. 열매는 나무에 부응됩니다. 선한 원리가 나쁜 행실을 생산할 수 없고 악한 원리가 좋은 행실을 생산해낼 수 없습니다. 세상에서 선한 사람도 어떤 악을 행하기도 하고 악한 자도 가끔 선을 베풀기도 합니다. 그러나 포도나무가 포도를 생산하는 것처럼 마음의 법칙은 선한 원리는 선만을 생산하고 악한 원리는 악만을 생산합니다."

현자의 말을 듣고서 지난날을 돌이켜 보면 나도 역시 추위와 더위의 상태를 거듭해 왔다. 나는 이것이 나의 연단임을 배우면서 나는 내 자신이 아무 것도 아님을 깨닫게 되었다. 무력한 나의 상태를 보면서 주님을 의지하지 않으면 한순간도 버틸 힘이 내게는 없다는 사실을 절실하게 느끼게 되었고 고백하게 되었다. 과거를 생각해 보면 순간 나는 왜 그 당시 그렇게 밖에 행동하지 못했을까? 나는 왜 그렇게 미련했던가? 하는 후회만 앞설 뿐이다. 그때는 나의 고집과 미련이 얽힌 내 상태이며 이해의 수준이었다. 그렇다면 결국 나의 책임이다. 오늘의 나의 모습은 과거의 선택과 행위의 열매이다. 나는 내가 어느 지경에 떨어질 지라도 주님께 핑계할 수도 없다는 사실을 알게 되었으며 내가 한 행위의 열매를 내가 먹는다는 것을 깨닫게 되었다.

현자와 헤어지고